留学生のための
時代を読み解く上級日本語 第3版

宮原 彬 [編著]

スリーエーネットワーク

© 2006 by Miyahara Akira

All rights reserved. No part of this publication may be reproduced, stored in a retrieval system or transmitted in any form or by any means, electronic, mechanical, photocopying, recording, or otherwise, without the prior written permission of the Publisher.

Published by 3A Corporation.
Trusty Kojimachi Bldg., 2F, 4, Kojimachi 3-Chome, Chiyoda-ku, Tokyo 102-0083, Japan

ISBN978-4-88319-772-9 C0081

First published 2006
Second Edition 2012
Third Edition 2018
Printed in Japan

はじめに

1. 本書は、『留学生のための時代を読み解く上級日本語 第2版』（2012年11月発行）の改訂版である。全体の構成は従来のものを踏襲しているが、できるだけ日本社会の現状を反映したものになるように、今回、26の課のうち14の課を入れ替えた。主として上級段階にある学習者を対象としているが、中級後期の学習者に適した本文も含まれている。

2. 本書は、学習者やコースの状況により、26の課を適宜取捨選択して使用できるようになっている。

3. 本書は、読む練習、話す練習、書く練習をとおして、総合的な日本語力をつけることを意図しているが、それぞれのコースの目的、授業時間数等により、各練習の一部ないしは全部を省略して使用することもできる。

4. 各課の本文は、①日本社会の現状を反映しているもの、②学習者が母国の状況と比較・関連させてとらえることができるもの、③学習者自身が感想・意見をもてるもの、④予備知識がなくても理解できるもの、といった観点から選択されている。

   出典は、各課の本文の末尾に記載した。原文の漢数字は、原則として算用数字に変えた。また、明らかな誤植は訂正した。

5. 「漢字の読み方と語句の使い方」の2で取り上げた語句は、①この段階で新たに学習する語句の中で、その意味・用法を正しく理解するには例文が必要と思われるもの、②初級・中級前期段階で学習済みであっても意味・用法の再確認が必要と思われるもの（学習者の誤解・誤用が目立つものを含む）、などである。前述（2および3）の意図から、同じ語句がいろいろな課で繰り返し取り上げられている。それぞれの語句の用例は、巻末に50音順に一括して載せた。

   3の空欄を埋める問題は、2で取り上げた語句以外の語句の中で、語句の呼応や言い回しに留意することが発話力・作文力の向上に役立つと思われるものを取り上げている。

6. 「話す練習」は、本文の内容やそれに関連して、「キーワード」を見ながら教師の質問に答える中で語句の使い方が身につくように、という趣旨で作られている。学習者が、それぞれの問いと「キーワード」を見ながら、一人で練習することもできる。また、これらの問いに答えることによって、本文の構成が捉えやすくなるということもある。

7. 「書く練習」は、①学習した語句が的確に使えるようになること、および、②本文の内容に関し学習した語句・言い回しを使って自らの考えを記述できるようになること、をめざしている。前述（2および3）の趣旨から、これらのすべてを扱う必要はない。

本書の出版に当たりお世話になった（株）スリーエーネットワークの佐野智子さん、本書への転載をご許可くださった各出版社・新聞社および原著者の方々、また、本書の初版、第2版について貴重なご意見をお寄せくださった方々に心からお礼を申し上げます。

2018年3月　宮原　彬

目　次

はじめに ……………………………………………………………………… 3

Ⅰ　生　活 …………………………………………………… 7

1. 遠距離結婚／8
2. 「輝く女性」とは何なのか―「女性活躍」の現場―／15
3. 父親の育児参加／24
4. 社内結婚、企業が後押し／32
5. 働き方――変わる・変える／40

Ⅱ　少子高齢社会 ………………………………… 49

6. なぜ少子化が社会問題なのか／50
7. 「買い物弱者」／59
8. 離れて暮らす親の見守り／69
9. ノーマライゼーションの地域をつくる／78
10. 高齢社会は怖くない!?／88

Ⅲ　教　育 …………………………………………………… 97

11. 学歴とは別のものさしで／98
12. メディア機器・ＩＴ機器の影響／106
13. 「主権者教育」／118

Ⅳ 企業と労働 ……127

14. 日本型雇用システム（1）／128
15. 日本型雇用システム（2）／136
16. 日本的性別分業とM字型雇用カーブ／142
17. どうする？ 長時間労働／149
18. なぜコミュニケーション能力か／157

Ⅴ 科学技術と人間 ……167

19. インターネットの隆盛／168
20. ロボットの活用／175
21. ＡＩは人間の仕事を奪ってしまうのか／183
22. 「ビッグデータ社会」／194
23. 本当に「原発は安い」のか／205

Ⅵ 環境と人間 ……215

24. タバコのもたらすもの／216
25. 検証の壁、挑み続ける科学者―地球温暖化問題―／226
26. 人間のおごり／235

語句の用例 ……245

I

生 活

1. 遠距離結婚

　転勤が多かったり、お互いの勤めている会社が離れていたり。こうした職場環境だと、結婚後、女性が仕事を辞めるケースが後を絶たない。出産・子育て期に就労率が落ち込む「M字カーブ」[*1]が解消されない一つの側面だろう。働きたくても続けづらい現実に直面しつつも、仕事と両立するために"結婚のかたち"を模索し、実践している3人の30代女性の話に耳を傾けてみた。私も"遠距離結婚"である。

　スカイプ婚――。夫婦が離れて暮らす遠距離結婚となって3年目を迎えたAさん（35）＝福岡在住＝は、そう自称する。東京在住の夫（35）との会話に、インターネットを利用した通話無料の電話サービス「Skype（スカイプ）」を活用しているからだ。

　「料金を気にしなくてもいいから、携帯電話を使っていた時期より会話時間も増えた。カメラを付ければ顔も見られるし、周囲が思うほど寂しくないです」

　帰宅して寝るまで、パソコンの前で一日の出来事などを語り合う。寝ている間もつなぎっぱなし。朝が苦手な夫の起床時間に声を掛け、その日の服装をチェックする。「行ってきます」のあいさつが通話終了の合図だ。休日には同じ映画のDVDを借りてきて同時に見たり、食事の時間を合わせたりして「一緒に過ごしている感」を楽しむ。実際に会うのは月2回程度だ。

　「恋人気分を味わえる」という距離感は、それ以上の絆が生まれにくいようにも映るが「頭が固い」と反論された。結婚する際、2人の間に寿退社[*2]は選択肢になかった。「一緒に住むことだけが幸せではないと思う。形式より、中身があって居心地のいい結婚生活を送っていきただ

け。変わってますか？」

　一つ屋根の下に暮らしているから家族なのか。家族全員が一緒にいないと家族愛は育まれないのか。
　「そうは思いません。離れ離れで大変なことも多い分、家族の絆は強くなっていると思います」
　Bさん（33）は、製薬会社で働く夫と遠距離結婚を続けている。夫との距離は直線で約1万キロ。Bさんは2年前から、米国中西部のカンザスシティー*3で7歳の一人息子と暮らす。
　職場結婚だったが、4年前に会社が外資系に吸収合併され、所属する研究部門は米国に移された。悩んだものの「辞めるのは簡単。なかなかできない経験をしよう」と考え、仕事を続けることにした。
　息子も海外生活を満喫している。国内にとどまる夫には、スカイプでパソコンの画面越しに学校であったことを話したり、勉強を教わったり。夫が怒り出すと、カメラに写らない場所まで逃げることも覚えた。
　いつまで今の生活が続けられるか分からない。「でも、長い人生で、好きなことができる時期ってどれくらいあるんでしょうね。それほど長くない気がしませんか。そう考えると、こういうのもありだ*4と思う」

　福岡で暮らすCさん（33）が"週末婚"を始めて3年が過ぎた。夫（34）は鹿児島で働き、週末だけ一緒に過ごす。3月に九州新幹線が全線開通し、行き来は楽になった。
　大学時代から付き合い、就職氷河期*5を乗り越え、それぞれの地で第一希望の仕事に就いた。どちらの職場にも転勤はない。2人の将来を考えたとき、選択を迫られた。仕事か、結婚か。選んだのは「第3の道」だった。「既存の結婚にとらわれなかったから、一つだけ選ばずに済みました」

ただ、親や親戚からは自由さ、気楽さだけが殊更に取り上げられる。結婚生活はそういうものではない、子どもができたらどうするのか…。理解されることは難しいと考え、会社の上司や同僚たちには、遠距離結婚のことを伏せたままにしている。

　「今のかたちが絶対だとは思っていません。一度決めたルールや関係性に固執する必要はないし」。将来は子どもも欲しい。子育てのスタイルも、お互いに話し合いながら、新しい「かたち」を探っていくつもりだ。

（2011年7月30日付『西日本新聞』）

注　*1　「M」の形のカーブ（curve）。
　　*2　女性が結婚と同時に退職すること。「寿」は、それを喜び祝うことを表す。
　　*3　（Kansas City）
　　*4　あってもいい。
　　*5　就職が非常に難しい時期。

I　漢字の読み方と語句の使い方

1．本文の漢字の読み方を下記で確認してください。

2．下線のある語句の意味と使い方を巻末の「語句の用例」で確認してください。

遠距離結婚（えんきょりけっこん）

　転勤が多かったり、お互いの勤めている会社が離れていたり。こうした職場環境だと、結婚後、女性が仕事を辞めるケースが後を絶たない①。出産・子育て期に就労率が落ち込む「M字カーブ」が解消されない一つの側面だろう。働きたくても続けづらい現実に直面しつつも②、仕事と両立するために"結婚の

①…あとをたたない

②…つつ

かたち"を模索し、実践している3人の30代女性の話に耳を傾けてみた。私も"遠距離結婚"である。

　スカイプ婚―。夫婦が離れて暮らす遠距離結婚となって3年目を迎えたAさん(35)＝福岡在住＝は、そう自称する。東京在住の夫(35)との会話に、インターネットを利用した通話無料の電話サービス「Skype（スカイプ）」を活用しているからだ。
　「料金を気にしなくてもいいから、携帯電話を使っていた時期より会話時間も増えた。カメラを付ければ顔も見られるし、周囲が思うほど③寂しくないです」
　帰宅して寝るまで、パソコンの前で一日の出来事などを語り合う。寝ている間もつなぎっぱなし④。朝が苦手な夫の起床時間に声を掛け、その日の服装をチェックする。「行ってきます」のあいさつが通話終了の合図だ。休日には同じ映画のDVDを借りてきて同時に見たり、食事の時間を合わせたりして「一緒に過ごしている感」を楽しむ。実際に会うのは月2回程度だ。
　「恋人気分を味わえる」という距離感は、それ以上の絆が生まれにくいようにも映るが「頭が固い」と反論された。結婚する際、2人の間に寿退社は選択肢になかった。「一緒に住むことだけが幸せではないと思う。形式より、中身があって居心地のいい結婚生活を送っていきたいだけ。変わってますか？」

　一つ屋根の下に暮らしているから家族なのか。家族全員が一緒にいないと家族愛は育まれないのか。
　「そうは思いません。離れ離れで大変なことも多い分⑤、家族の絆は強くなっていると思います」
　Bさん(33)は、製薬会社で働く夫と遠距離結婚を続けている。夫との距離は直線で約1万キロ。Bさんは2年前から、米国中西部のカンザスシティーで7歳の一人息子と暮らす。

③…ほどa

④…ぱなし

⑤…ぶん

職場結婚だったが、4年前に会社が外資系に吸収合併され、所属する研究部門は米国に移された。悩んだものの⑥「辞めるのは簡単。なかなかできない経験をしよう」と考え、仕事を続けることにした。

　息子も海外生活を満喫している。国内にとどまる夫には、スカイプでパソコンの画面越しに学校であったことを話したり、勉強を教わったり。夫が怒り出すと、カメラに写らない場所まで逃げることも覚えた。

　いつまで今の生活が続けられるか分からない。「でも、長い人生で、好きなことができる時期ってどれくらいあるんでしょうね。それほど長くない気がしませんか。そう考えると、こういうのもありだと思う」

　福岡で暮らすCさん（33）が"週末婚"を始めて3年が過ぎた。夫（34）は鹿児島で働き、週末だけ一緒に過ごす。3月に九州新幹線が全線開通し、行き来は楽になった。

　大学時代から付き合い⑦、就職氷河期を乗り越え、それぞれの地で第一希望の仕事に就いた。どちらの職場にも転勤はない。2人の将来を考えたとき、選択を迫られた⑧。仕事か、結婚か。選んだのは「第3の道」だった。「既存の結婚にとらわれなかった⑨から、一つだけ選ばずに済みました⑩」

　ただ、親や親戚からは自由さ、気楽さだけが殊更に取り上げられる⑪。結婚生活はそういうものではない、子どもができたらどうするのか…。理解されることは難しいと考え、会社の上司や同僚たちには、遠距離結婚のことを伏せたままにしている⑫。

　「今のかたちが絶対だとは思っていません。一度決めたルールや関係性に固執する必要はないし」。将来は子どもも欲しい。子育てのスタイルも、お互いに話し合いながら、新しい「かたち」を探っていく⑬つもりだ。

⑥…ものの
⑦…つきあう
⑧…せまる a
⑨…とらわれる
⑩…すむ
⑪…とりあげる
⑫…まま
⑬…さぐる

3．本文の内容に合わせて、以下の空欄を埋めてください。
　（1）記者は30代の女性の話に耳を＿＿＿＿＿＿た。
　（2）離れて暮らす夫婦はインターネットを利用した通話無料の電話サービスを＿＿＿＿＿＿している。
　（3）起床時間には夫に声を＿＿＿＿＿＿。
　（4）離れて暮らすと、恋人気分を＿＿＿＿＿＿える。
　（5）家族全員が一つ屋根の下に暮らしていると、家族愛が＿＿＿＿＿＿れる。
　（6）海外勤務はなかなか＿＿＿＿＿＿経験だ。
　（7）妻と息子はアメリカに行ったが、夫は国内に＿＿＿＿＿＿いる。
　（8）一度決めたルールに＿＿＿＿＿＿必要はない。

II　話す練習　（この文章の内容について、次の質問に答えてください。）

1．「M字カーブ」というのは何ですか。
　　キーワード　出産・子育て、就労率

2．「スカイプ婚」のAさんは帰宅してから翌朝まで夫とどのようにコミュニケーションを図っていますか。
　　キーワード　一日の出来事、起床時間、服装、あいさつ

3．このような生活についてAさんはどのように考えていますか。
　　キーワード　形式、中身

4．Bさんはどうして「遠距離結婚」になりましたか。
　　キーワード　会社、外資系、吸収合併 // 経験

5．Cさんはどうして「遠距離結婚」になりましたか。
　　キーワード　福岡、鹿児島、第一希望の仕事、選択、「第3の道」

6．Cさん夫婦の選択について、親や親戚の反応はどうですか。
   🗝 キーワード　自由、気楽、結婚生活、子ども

7．あなたの国でも「遠距離結婚」がありますか。それはどのような事情で起こりますか。夫婦（あるいは家族）のコミュニケーションを図るために、どのようなことが行われていますか。この文章について、あなたはどのような感想・意見を持ちましたか。

Ⅲ　書く練習

1．Ⅰの2の「あとをたたない」「つつ」「ほどa」「ぶん」「ものの」「せまるa」「すむ」「さぐる」を使って、それぞれ一つずつ文を作ってください。

2．この文章について、あなたの国の状況にも触れながら、感想・意見を800字〜1,200字で書いてください。

2. 「輝く女性」とは何なのか―「女性活躍」の現場―

「女性が輝く社会」という政府の旗印の下、女性管理職の割合といった数値目標に目が行きがちだが、そもそも「輝く女性」とは何なのか。子育て真っただ中で自分らしく生きようとする女性たちに、政治に求めるものを聞いた。

根強い残業文化

ある国家公務員の30代女性は、今春3人目の産休に入るまで、目の回るような日々を過ごしていた。一家の大黒柱として中央官庁で働きながら2人の子育てを担う。夫は研究員として海外の大学に留学中。フルタイムで働く60代の母親の助けを借りるため、東京郊外の実家に同居し、毎日1時間半かけて通勤した。

午前5時45分に起床。4歳の長男と自分と母、3人分の朝食と夕食を準備する。6時15分、1歳の次男に離乳食を食べさせ、自分も朝食を詰め込む。ぐずる長男をなだめたり叱りつけたりしながら身支度を整え、7時10分、専用の3人乗り自転車で保育所へ。子ども2人を預けていったん自宅に戻り、電車で職場に向かう。「毎朝仕事を始めるまでが第1ラウンド。午前9時の始業時に机に向かえるとほっとします」。第2ラウンドが始まる。

午後5時すぎ、当然のように残業する上司や部下に頭を下げながら仕事を切り上げ、第3ラウンドへ。家路を急ぐ間に、母親が保育所への迎えと夕食を担当。帰宅後に子どもを風呂に入れ、本を読んで寝かしつける。その後、洗濯や片付け、自分の食事を終えると午後9時。ここからが第4ラウンドだ。職場のネットワークにつながる専用パソコンを使って2～3時間、メールを確認したり企画書を作成したり。日付が変わる

ころ、長い一日が終わる。

「女性が輝く社会」という旗印の下、従業員301人以上の企業に女性登用の数値目標などの策定を義務付ける女性活躍推進法が昨年*1 4月に施行された。官公庁も対象で、育児との両立を支援する環境整備が進む。「人事評価にワーク・ライフ・バランス*2の項目が取り入れられたり、在宅勤務が可能になったりと、ここ数年で着実に変化はあります」。しかし、必死に仕事と育児を両立しようとしても、家庭を持つ同期の男性と同じようなキャリアアップ*3は難しいのが実情だ。

壁になるのは、根強い残業文化だ。中央官庁では、大臣の国会答弁の準備を含め、深夜までの残業が日常化している。キャリア形成には「無条件に残業できること」が暗に求められるが、今の家庭環境では不可能だ。

「仕事を続けるからにはいつか主導的に政策立案に関わり、社会に貢献したい。でも、長時間労働が当たり前という仕事の仕方が変わらない限り、そういう立場を望むことは難しいのかな」と話す。

役割分担意識の壁

大手通信会社に勤務する女性(33)は、同じ会社に勤める夫と共働きで、6歳と4歳の子どもを育てる。仕事にやりがいを感じているが、男女の役割分担意識の根深さに、違和感を抱くことが多い。

ある日、職場で海外出張が必要になり、希望者として手を挙げた。家庭ではほとんどの家事・育児は夫婦で分担しており、出張時も互いにカバーし合う。しかし、上司の第一声は「子ども大丈夫なの?」だった。

気遣いと受け取ったが、同じように子どもがいても男性なら聞かれない質問だ。「小さい子どもがいる家庭なら男女に関わらず、そうした気遣いができる会社であってほしい」と願う。会社は、女性の活躍を推進する企業として厚生労働省から最高評価を取得しており、育休社員の復職支援や高い女性登用目標を定める。それでも、性別役割意識の壁は高い

ようだ。

　同じような違和感は、同世代の間でも。週1回程度の残業のほか、同僚らと外食して帰る時は夫に育児を任せるが「子どもを世話するなんて、優しい旦那だね」と言われることが多いという。

　子育てをしながら働く女性の割合は増え続けている。一方で、総務省の社会生活基本調査（2016年）によると、6歳未満の子を持つ夫婦が1日に家事や育児に費やす時間は、妻の7時間34分に対し、夫はわずか1時間23分だ。「家事と育児は女性の担当という価値観を維持したまま『働いて輝いて』と言われても無理だし、そんな『女性活躍』なら願い下げ*4ですね」。

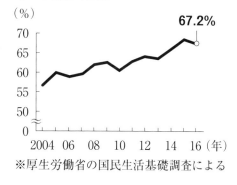

18歳未満の子を持つ母親が仕事を持っている割合の推移
※厚生労働省の国民生活基礎調査による

多様性認めて

　「女性活躍」というスローガンに戸惑う人もいる。一昨年に長男を出産した専業主婦の女性（34）は結婚を機に仕事を辞めた。幼い頃に両親が離婚し、祖母の元で育った。できるだけ自分の手で子育てをしたいと考えてきたという。

　出産を直前に控えた時、夫は勤め先で多忙な部署に「栄転」し、毎日が終電帰り。出産直後から、家事と育児をほとんど一人で担う「ワンオペ*5」になった。毎日へとへとになるが、それでも、子どもと向き合う日々は幸せだ。何かを一つ覚える度に、新しい発見と感動がある。

　「女性の生き方の選択肢が広がることには大賛成。でも今のスローガンでは『出産後も外でばりばり働く女性こそが正解』と言われているような気がして……」。

　生き方の「正解」を押しつけられては、女性の生きにくさは変わらない。

そもそも政府の掲げた「女性活躍」は、人手不足の労働市場に女性を引き入れるための経済政策で、多様化する母親像や女性の生き方に寄り添う姿勢が乏しいのではないか――。「男性を含めて、子育てや仕事に対するスタンスは人それぞれ。いろいろな『輝き方』が認められる、本当の意味で生きやすい社会を描いてほしい」。

（2017年10月14日付『毎日新聞』）

注　＊1　2016年。
　　＊2　「仕事と生活の調和」。(work-life balance)
　　＊3　より高い知識・能力を身につけて地位を上げること。(career up［和製英語］)
　　＊4　希望していたことだが、この状況では辞退したい。
　　＊5　一人ですべての作業を行うこと。「ワン・オペレーション（one operation［和製英語］）」の略。

I　漢字の読み方と語句の使い方

1．本文の漢字の読み方を下記で確認してください。

2．下線のある語句の意味と使い方を巻末の「語句の用例」で確認してください。

「輝く女性」とは何なのか―「女性活躍」の現場―

　「女性が輝く社会」という政府の旗印の下、女性管理職の割合といった数値目標に目が行きがち①だが、そもそも②「輝く女性」とは③何なのか。子育て真っただ中で自分らしく生きようとする女性たちに、政治に求めるものを聞いた。

①…がち
②…そもそも
③…とはa

根強い残業文化

　ある国家公務員の30代女性は、今春3人目の産休に入るま

で、目の回るような日々を過ごしていた。一家の大黒柱として中央官庁で働きながら2人の子育てを担う。夫は研究員として海外の大学に留学中。フルタイムで働く60代の母親の助けを借りるため、東京郊外の実家に同居し、毎日1時間半かけて通勤した。

　午前5時45分に起床。4歳の長男と自分と母、3人分の朝食と夕食を準備する。6時15分、1歳の次男に離乳食を食べさせ、自分も朝食を詰め込む。ぐずる長男をなだめたり叱りつけたりしながら身支度を整え、7時10分、専用の3人乗り自転車で保育所へ。子ども2人を預けていったん自宅に戻り、電車で職場に向かう。「毎朝仕事を始めるまでが第1ラウンド。午前9時の始業時に机に向かえるとほっとします」。第2ラウンドが始まる。

　午後5時すぎ、当然のように残業する上司や部下に頭を下げながら仕事を切り上げ、第3ラウンドへ。家路を急ぐ間に、母親が保育所への迎えと夕食を担当。帰宅後に子どもを風呂に入れ、本を読んで寝かしつける。その後、洗濯や片付け、自分の食事を終えると午後9時。ここからが第4ラウンドだ。職場のネットワークにつながる専用パソコンを使って2～3時間、メールを確認したり企画書を作成したり。日付が変わるころ、長い一日が終わる。

　「女性が輝く社会」という旗印の下、従業員301人以上の企業に女性登用の数値目標などの策定を義務付ける④女性活躍推進法が昨年4月に施行された。官公庁も対象で、育児との両立を支援する環境整備が進む。「人事評価にワーク・ライフ・バランスの項目が取り入れられたり、在宅勤務が可能になったりと⑤、ここ数年で着実に変化はあります」。しかし、必死に仕事と育児を両立しようとしても、家庭を持つ同期の男性と同じようなキャリアアップは難しいのが実情だ。

④…づける

⑤…とb

壁になるのは、根強い⑥残業文化だ。中央官庁では、大臣の国会答弁の準備を含め、深夜までの残業が日常化している。キャリア形成には「無条件に残業できること」が暗に求められるが、今の家庭環境では不可能だ。

「仕事を続けるからには⑦いつか主導的に政策立案に関わり⑧、社会に貢献したい。でも、長時間労働が当たり前という仕事の仕方が変わらない限り⑨、そういう立場を望むことは難しいのかな」と話す。

役割分担意識の壁

大手通信会社に勤務する女性(33)は、同じ会社に勤める夫と共働きで、6歳と4歳の子どもを育てる。仕事にやりがいを感じているが、男女の役割分担意識の根深さに、違和感を抱くことが多い。

ある日、職場で海外出張が必要になり、希望者として手を挙げた。家庭ではほとんどの家事・育児は夫婦で分担しており⑩、出張時も互いにカバーし合う。しかし、上司の第一声は「子ども大丈夫なの?」だった。

気遣いと受け取ったが、同じように子どもがいても男性なら聞かれない質問だ。「小さい子どもがいる家庭なら男女に関わらず⑪、そうした気遣いができる会社であってほしい」と願う。会社は、女性の活躍を推進する企業として厚生労働省から最高評価を取得しており⑩、育休社員の復職支援や高い女性登用目標を定める。それでも、性別役割意識の壁は高いようだ。

同じような違和感は、同世代の間でも。週1回程度の残業のほか⑫、同僚らと外食して帰る時は夫に育児を任せるが「子どもを世話するなんて、優しい旦那だね」と言われることが多いという⑬。

子育てをしながら働く女性の割合は増え続けている。一方

---

⑥…ねづよい

⑦…からには
⑧…かかわるb

⑨…かぎり

⑩…ており

⑪…にかかわらず

⑩…ており

⑫…ほか

⑬…という

で⑭、総務省の社会生活基本調査（2016年）によると⑮、6歳未満の子を持つ夫婦が1日に家事や育児に費やす時間は、妻の7時間34分に対し⑯、夫はわずか⑰1時間23分だ。「家事と育児は女性の担当という価値観を維持したまま⑱『働いて輝いて』と言われても無理だし、そんな『女性活躍』なら願い下げですね」。

⑭…いっぽう
⑮…によると
⑯…にたいして
⑰…わずか
⑱…まま

多様性認めて

「女性活躍」というスローガンに戸惑う人もいる。一昨年に長男を出産した専業主婦の女性（34）は結婚を機に⑲仕事を辞めた。幼い頃に両親が離婚し、祖母の元で育った。できるだけ⑳自分の手で子育てをしたいと考えてきたという⑬。

⑲…きに
⑳…だけ
⑬…という

出産を直前に控えた時、夫は勤め先で多忙な部署に「栄転」し、毎日が終電帰り。出産直後から、家事と育児をほとんど一人で担う「ワンオペ」になった。毎日へとへとになるが、それでも、子どもと向き合う日々は幸せだ。何かを一つ覚える度に、新しい発見と感動がある。

「女性の生き方の選択肢が広がることには大賛成。でも今のスローガンでは『出産後も外でばりばり働く女性こそ㉑が正解』と言われているような気がして……」。

㉑…こそ

生き方の「正解」を押しつけられては㉒、女性の生きにくさは変わらない。そもそも㉒政府の掲げた「女性活躍」は、人手不足の労働市場に女性を引き入れるための経済政策で、多様化する母親像や女性の生き方に寄り添う姿勢が乏しいのではないか㉓——。「男性を含めて、子育てや仕事に対するスタンスは人それぞれ。いろいろな『輝き方』が認められる、本当の意味で生きやすい社会を描いてほしい」。

㉒…ては
②…そもそも
㉓…のではないか

3．本文の内容に合わせて、以下の空欄を埋めてください。
(1) この30代の女性は今春3人目の産休に_____た。
(2) 母親の助けを_____ため、実家に同居した。
(3) 身支度を_____て、子ども2人を乗せた自転車で保育所へ行く。
(4) 男女の役割分担意識の強さに違和感を_____くことが多い。
(5) 家事や育児に_____時間は妻の方が夫よりはるかに多い。
(6) 出産を_____ていたとき、夫は多忙な部署に移った。
(7) 政府の「女性活躍」は、女性を労働市場に_____ための政策だ。
(8) この政策は、女性の生き方に寄り添う姿勢が_____い。

Ⅱ　話す練習（この文章の内容について、次の質問に答えてください。）

1．この国家公務員の女性は、3人目の産休に入るまで、どんな家族状況でしたか。
　🔑 キーワード　中央官庁、4歳の長男、1歳の次男、夫、留学 // 母親、実家、同居

2．この女性は、3人目の産休に入るまで、どんな生活をしていましたか。
　🔑 キーワード　午前5時45分、起床、朝食、自転車、保育所 // 電車、職場、9時、始業 // 午後5時、家路 // 母親、保育所、夕食 // 帰宅後、子ども、洗濯・片づけ、食事 // 午後9時、専用パソコン、メール・企画書、12時

3．女性活躍推進法が施行されてから、どのような変化があると、この女性は述べていますか。また、「難しい」のはどんなことで、その原因は何だと述べていますか。
　🔑 キーワード　人事評価、ワーク・ライフ・バランス、在宅勤務 // 同期の男性、キャリアアップ // 残業、日常化

4．大手通信会社に勤める女性は、どんな家庭状況ですか。
　🔑 キーワード　同じ会社、共働き、6歳と4歳の子ども

5. この女性は、どんなときに性別役割分担意識を感じると述べていますか。
   🗝 キーワード　海外出張、希望、上司、子ども∥残業、外食、優しい旦那

6. この女性は、現在の「女性活躍」という政策について、どう述べていますか。
   🗝 キーワード　家事・育児、女性、価値観、「働いて輝いて」、願い下げ

7. 専業主婦の女性は、「女性活躍」というスローガンについて、どう述べていますか。
   🗝 キーワード　出産後、ばりばり働く女性、正解∥子育て・仕事、人それぞれ、いろいろな「輝き方」

8. あなたの国でも、「女性が輝く社会」がスローガンになった（あるいは、議論になった）ことがありますか。この文章について、あなたはどのような感想・意見を持ちましたか。

Ⅲ　書く練習

1. Ⅰの2の「がち」「づける」「からには」「かぎり」「にかかわらず」「ほか」「わずか」「ては」を使って、それぞれ一つずつ文を作ってください。

2. この文章について、あなたの国の状況にも触れながら、感想・意見を800字〜1,200字で書いてください。

3. 父親の育児参加

　男性の育児参加が叫ばれて久しい。ただ「育児＝女性」の意識はなお根強く、仕事の忙しさから育児が難しい父親も多い。父親たちはどう一歩を踏み出し、仕事との板挟みを乗り越えようとしているのか。

　「いつまでこんな生活が続くの」──。東京都内に住む会社員のＡさん（31）は帰宅後、涙ながらに妻に訴えられた。顧客が関西にいるため平日は出張続き。妻が１人で１歳の息子の育児を担っていた。

　Ａさんは「妻が何を言っているのか、最初は理解できなかった」という。妻は育児休業[*1]中。自分の役割は仕事をして稼ぎ、昇進に向けてがんばることだと思っていた。「手伝えないことばかりを責められてもムリだ」

　とはいえ妻の体力的な大変さも目に見えてわかる。Ａさんは上司に相談し、今年から出張を週３日に変更。週末には家事育児を一手に引き受けることにした。上司には「結果を出せばいい」と言われた。その分、家に仕事を持ち帰ることも多い。

　研究職に就くＢさん（39）は「本当はもっと手伝いたいが、難しい」と話す。３月以降、仕事がヤマ場を迎え、平日は家事も育児も妻任せ。１歳半の長女は動き回っていたずらが激しい。「今日も大変だった」という妻の話を、帰宅後に聞くのが精いっぱいだ。

　Ｂさんは2010年、２カ月間の育児休業を取った。休業中は家事すべてをこなした。職場復帰後も半年間は朝食、夕食作りを引き受けた。「育児休業の２カ月があったから子育ての大変さはよくわかる」。それだけに、現状には歯がゆさがある。

　マーケティング会社のトレンダーズ[*2]（東京都渋谷区）が10年、３～６歳の子どもがいる既婚男性のうち事前調査で「自分がイクメン[*3]だと

思わない」と答えた350人に「育児に積極的に参加できない理由」を聞いたところ、65％が「仕事が忙しい」と答えた。「育児にもっと積極的に参加したいか」という問いには、85％が「思う」と回答した。

「父親の育児参加頻度は増えていない」と指摘するのは、第一生命経済研究所[*4]の主任研究員の松田茂樹さん。日本家族社会学会の09年の調査では、6歳以下の子どもを持つ父親が子どもの世話をする頻度は平均週2.5回。99年の2.95回から減った。反対に、平均労働時間は09年1月時点で11.3時間と、99年より0.5時間長くなっていた。

「共働き家庭は増えたが、父親に代わって家計を支えられる母親はまだ少なく、日本は父親に稼ぎ手と育児の二重負担を求めようとしている」と松田さん。その一方、「（周囲に）育児の支え手が少なくなったことなどから、子育ては母親1人では担いきれない」。このため父親に対し「仕事を調整する必要があれば、職場の上司や同僚に話すのも大事。声を上げない限り変わらない」と助言する。

とはいえ、女性に比べ、男性は職場で言い出しづらい。職場の理解を得るにはどうしたらいいか。

「まず実際のしわ寄せが行く同僚に相談した」と話すのは、ＮＴＴ東日本[*5]に勤務するＣさん（35）。1月から、勤務時間を6時間に短縮する短時間勤務制度を利用している。それまでＣさんは帰宅が深夜になることも多かっただけに、当然、周囲に負担が及ぶ。

このため昼食などの際、同僚に自分の希望と、短時間勤務になった際に仕事を引き受けてもらえるかを個別に相談。周りの了解が得られたため、最終的に上司に希望を伝えたという。

休みを取りやすいよう工夫する企業もある。第一生命保険[*6]は10年度[*7]から上司に育児休業の案内状を送り、取得を促すようにした。09年度に子どもが生まれた男性約100人に調査したところ、取得希望者が80％以上とわかったためだ。

この結果、取得者は09年度の4人から10年度は58人に増えた。それでも未取得の理由として「周りに迷惑がかかる」「忙しくて取れない」という声があるため、該当者が希望する時期に取れるよう、直属の上司に周りの理解を深める働きかけをするよう指示しているという。

　父親同士で励まし合うのも、板挟みの苦労を軽減する一助になる。

　「Cache-PAPA」は東京都八王子市で活動する乳幼児と父親の会。月に1回程度、子連れで集まり情報交換する。代表で3歳の娘を持つ田所喬さん(33)は「パパ同士なら仕事をしながら育児にどうかかわればいいか、妻とどう協力するかなど、ヒントを多くもらえる」と話す。

　恵泉女学園大学教授の大日向雅美さんは「社会全体で育児を支える環境づくりの一環として、父親が育児参加できる働き方を推進していくことが必要だ」と指摘している。

（2011年11月8日付『日本経済新聞』）

注　＊1　1歳未満（場合により、2歳未満）の子どもの養育のためにその母親または父親が取得できる休暇。
　　＊2　企業名。(Trenders)
　　＊3　育児に積極的な男性。（ハンサムな男性を表す「イケメン」から作られた。「イク」は「育児」の「育」、「メン」は「men」あるいは「面」)
　　＊4　企業名。
　　＊5　企業名。（ＮＴＴは NIPPON TELEGRAPH AND TELEPHONE CORPORATION の略）
　　＊6　企業名。
　　＊7　2010年4月1日～2011年3月31日。

Ⅰ 漢字の読み方と語句の使い方

1．本文の漢字の読み方を下記で確認してください。

2．下線のある語句の意味と使い方を巻末の「語句の用例」で確認してください。

父親の育児参加

男性の育児参加が叫ばれて①久しい。ただ「育児＝女性」の意識はなお根強く②、仕事の忙しさから育児が難しい父親も多い。父親たちはどう一歩を踏み出し、仕事との板挟みを乗り越えようとしているのか。

「いつまでこんな生活が続くの」――。東京都内に住む会社員のAさん（31）は帰宅後、涙ながらに妻に訴えられた③。顧客が関西にいるため平日は出張続き。妻が1人で1歳の息子の育児を担っていた。

Aさんは「妻が何を言っているのか、最初は理解できなかった」という。妻は育児休業中。自分の役割は仕事をして稼ぎ、昇進に向けてがんばることだと思っていた。「手伝えないことばかり④を責められてもムリだ」

とはいえ⑤妻の体力的な大変さも目に見えてわかる。Aさんは上司に相談し、今年から出張を週3日に変更。週末には家事育児を一手に引き受けることにした。上司には「結果を出せばいい」と言われた。その分⑥、家に仕事を持ち帰ることも多い。

研究職に就くBさん（39）は「本当はもっと手伝いたいが、難しい」と話す。3月以降、仕事がヤマ場を迎え、平日は家事も育児も妻任せ。1歳半の長女は動き回っていたずらが激しい。

①…さけぶ

②…ねづよい

③…うったえる

④…ばかりa

⑤…とはいえ

⑥…ぶん

「今日も大変だった」という妻の話を、帰宅後に聞くのが精いっぱいだ。

Bさんは2010年、2カ月間の育児休業を取った。休業中は家事すべてをこなした⑦。職場復帰後も半年間は朝食、夕食作りを引き受けた。「育児休業の2カ月があったから子育ての大変さはよくわかる」。それだけに⑧、現状には歯がゆさがある。

マーケティング会社のトレンダーズ（東京都渋谷区）が10年、3～6歳の子どもがいる既婚男性のうち事前調査で「自分がイクメンだと思わない」と答えた350人に「育児に積極的に参加できない理由」を聞いたところ⑨、65％が「仕事が忙しい」と答えた。「育児にもっと積極的に参加したいか」という問いには、85％が「思う」と回答した。

「父親の育児参加頻度は増えていない」と指摘するのは、第一生命経済研究所の主任研究員の松田茂樹さん。日本家族社会学会の09年の調査では、6歳以下の子どもを持つ父親が子どもの世話をする頻度は平均週2.5回。99年の2.95回から減った。反対に、平均労働時間は09年1月時点で11.3時間と⑩、99年より0.5時間長くなっていた。

「共働き家庭は増えたが、父親に代わって家計を支えられる母親はまだ少なく、日本は父親に稼ぎ手と育児の二重負担を求めようとしている」と松田さん。その一方⑪、「（周囲に）育児の支え手が少なくなったことなどから、子育ては母親1人では担いきれない」。このため父親に対し「仕事を調整する必要があれば、職場の上司や同僚に話すのも大事。声を上げない限り⑫変わらない」と助言する。

とはいえ⑤、女性に比べ、男性は職場で言い出しづらい。職場の理解を得るには⑬どうしたらいいか。

「まず実際のしわ寄せが行く同僚に相談した」と話すのは、N

⑦…こなす

⑧…だけ

⑨…ところ

⑩…とb

⑪…いっぽう

⑫…かぎり

⑤…とはいえ
⑬…には

ＴＴ東日本に勤務するＣさん（35）。1月から、勤務時間を6時間に短縮する短時間勤務制度を利用している。それまでＣさんは帰宅が深夜になることも多かっただけに、当然、周囲に負担が及ぶ。

　このため昼食などの際、同僚に自分の希望と、短時間勤務になった際に仕事を引き受けてもらえるかを個別に相談。周りの了解が得られたため、最終的に上司に希望を伝えたという。

　休みを取りやすいよう工夫する企業もある。第一生命保険は10年度から上司に育児休業の案内状を送り、取得を促すようにした。09年度に子どもが生まれた男性約100人に調査したところ、取得希望者が80％以上とわかったためだ。

　この結果、取得者は09年度の4人から10年度は58人に増えた。それでも未取得の理由として「周りに迷惑がかかる」「忙しくて取れない」という声があるため、該当者が希望する時期に取れるよう、直属の上司に周りの理解を深める働きかけをするよう指示しているという。

　父親同士で励まし合うのも、板挟みの苦労を軽減する一助になる。

　「Cache-PAPA」は東京都八王子市で活動する乳幼児と父親の会。月に1回程度、子連れで集まり情報交換する。代表で3歳の娘を持つ田所喬さん（33）は「パパ同士なら仕事をしながら育児にどうかかわればいいか、妻とどう協力するかなど、ヒントを多くもらえる」と話す。

　恵泉女学園大学教授の大日向雅美さんは「社会全体で育児を支える環境づくりの一環として、父親が育児参加できる働き方を推進していくことが必要だ」と指摘している。

⑧…だけ
⑭…および
⑮…という
⑨…ところ
⑯…けっか
⑮…という
⑰…かかわるb

3．本文の内容に合わせて、以下の空欄を埋めてください。

（1）父親たちは育児に一歩を＿＿＿＿＿＿＿＿＿た。

（2）Aさんは週末には家事と育児を一手に＿＿＿＿＿＿＿＿＿た。

（3）上司は「結果を＿＿＿＿＿＿＿＿＿ばいい」と言った。

（4）3月以降、仕事がヤマ場を＿＿＿＿＿＿＿＿＿た。

（5）仕事を調整する必要があれば、声を＿＿＿＿＿＿＿＿＿なければならない。

（6）自分が勤務時間を短縮すれば、同僚にしわ寄せが＿＿＿＿＿＿＿＿＿。

（7）個別に相談して、周りの了解を＿＿＿＿＿＿＿＿＿た。

（8）周りに迷惑が＿＿＿＿＿＿＿＿＿と言って、育児休業を取らない人もいる。

II　話す練習（この文章の内容について、次の質問に答えてください。）

1．妻に涙ながらに訴えられたとき、Aさんはどう思いましたか。それはなぜですか。その後、Aさんはどうしましたか。

　🔑 キーワード　理解／／育児休業、昇進／／出張、週末

2．Bさんは今家事や育児を手伝っていますか。それはなぜですか。現状についてどう思っていますか。それはなぜですか。

　🔑 キーワード　平日、家事、育児／／仕事、ヤマ場／／歯がゆさ、育児休業

3．日本家族社会学会の調査からどのようなことが分かりますか。この現状について、松田さんはどのように述べていますか。

　🔑 キーワード　育児参加頻度、平均労働時間／／父親、稼ぎ手、育児／／育児の支え手、母親1人

4．Cさんは短時間勤務制度を利用するまえに、どのようなことをしましたか。

　🔑 キーワード　同僚、自分の希望、仕事、相談

5．第一生命保険では2010年度からどのようなことをしていますか。それはなぜですか。

   🗝 キーワード　上司、育児休業の案内状、取得 // 2009年度、調査、取得希望者

6．あなたの国では、父親はどの程度育児に参加していますか。この文章についてあなたはどのような感想・意見を持ちましたか。

Ⅲ　書く練習

1．Ⅰの2の「うったえる」「ばかりa」「こなす」「だけ」「ところ」「とb」「およぶ」「かかわるb」を使って、それぞれ一つずつ文を作ってください。

2．この文章について、あなたの国の状況にも触れながら、感想・意見を800字～1,200字で書いてください。

4. 社内結婚、企業が後押し

離職率28％が4％に

　ＩＴ企業「サイボウズ*¹」（東京都中央区）で働く武田杏奈さん（30）は、夫の庭屋一浩さん（29）と社内で出会い結婚し、異なる部署で働いている。武田さんは「上司に資料を出すときは夫に相談し、家で2人で作成しています。違う視点が得られていい。（会社が）いろいろ事情を分かってくれるので働きやすいです」と笑顔を見せる。

　同社は社内結婚の割合が高い。社員数約360人のうち、これまでに社内結婚したカップルは約40組。だが、社内結婚が増え始めたのはここ10年ほどの話だ。2005年は、結婚退職や転職などで4人に1人が会社を去り、離職率は28％まで高まった。

　大事な社員が次々と辞めていく深刻な事態に危機感をもち、さまざまな働き方改革を実行。在宅勤務制度など働きやすい環境整備に力を入れる一方、社員同士のコミュニケーションを活発化させようと、部活動*²制度をもうけた。部員が5人集まれば、会社が部費を出して活動を支援。現在は「フットサル部」など約30の部活があり、他部署の社員と交流を深められる場となった。離職率は4％を切るまでになった。

　広報担当者は「世界一のソフトウエアを作るという目標があり、その目標達成には人が必要なのに辞めていく。一人一人がモチベーション高く働くには、働き方を見直す必要があった。今は離職率も低下し、コミュニケーションも活発化した。働きやすい、働きがいがある会社になったから、社内結婚が増えたのかも。（改革前は）社内結婚の割合は低かった」と話した。

手当、交流の場提供

　国立社会保障・人口問題研究所は９月、「出生動向基本調査（結婚と出産に関する全国調査）」（15年）の結果をまとめた。夫婦が出会ったきっかけを尋ねると、「友人・兄弟姉妹を通じて」（30.9％）に続いて「職場で」が28.1％と２位だった。1992年の調査では、職場と回答した人が35％でトップだった。結婚した２人が出会う場所は、今も昔も職場が上位だが、割合は減少傾向にあるようだ。

　そんな中、社内恋愛を応援する企業が現れた。「社内結婚したカップルには30万円」。ウェブ事業などを手がける「ＤＹＭ*3」（東京都品川区）は、11年から社内結婚手当を導入した。社内恋愛中の社員を応援しようと、水谷佑毅社長が発案。社員同士の恋愛を応援することで、社内の結束力を高める狙いがある。社内結婚をした女性は「結婚式の費用の足しになってありがたかった」と話した。同社は「社員同士すごく仲が良くなり、離職率も低くなった」。

　トヨタ自動車では、「恋活*4 プログラム 奏*5」を実施。グループ企業の独身社員を対象に、ランチ会や、話し方のコツを伝授するセミナーなど、さまざまな出会いの場を提供している。異業種間交流が、社員同士のコミュニケーションを活発化しているという。

　広報担当者は「普段出会わない職場の人と交流することで、新たな仕事につながるケースがある。良い雰囲気を社内に醸成するのにも役立つ。プログラムを通じて結婚した社員もいます」と意義を話す。同社は10月から、在宅勤務の対象者を「１歳未満の子どもがいる社員」から、一定の勤続年数を経た総合職*6全体へと広げた。社内合コン*7はほんの１例で、今後も働きやすい職場環境づくりに取り組んでいくという。

人柄わかる安心感

　一方で、家電メーカー「ダイニチ工業*8」（新潟市）は、社内恋愛を推奨しているわけではないが、既婚の正社員337人のうち88人が社内結婚。運動会、相撲大会、社員旅行など社内行事が多く、運営は若手社員が担う。社内運動会がきっかけで結婚した20代の男性は「運動会では各組に応援団があり、応援合戦*9のためにダンスを考えたりする。若手が中心なので、同世代の交流が生まれやすかった」。30代の男性社員は「社外の人と知り合う機会が少ない。社内ならある程度人柄を分かっているので安心感があったし、会社の雰囲気として社内結婚がＮＧ*10ではないことが大きいと思う」と答えた。

（2016年12月14日付『毎日新聞』）

注　*1　企業名。（Cybozu）
　　*2　業務外にグループで趣味として行う活動。
　　*3　企業名。
　　*4　異性との出会いを求める活動。「恋愛活動」の略。
　　*5　「恋活プログラム」名。
　　*6　種々の業務を経験して将来管理職になる社員。
　　*7　社内の複数のグループが合同で開くコンパ（懇親会）。
　　*8　企業名。（Dainichi）
　　*9　応援の競争。
　　*10　よくないこと。（no good の略）

Ⅰ　漢字の読み方と語句の使い方

1．本文の漢字の読み方を下記で確認してください。

2．下線のある語句の意味と使い方を巻末の「語句の用例」で確認してください。

社内結婚、企業が後押し

離職率28％が4％に

　ＩＴ企業「サイボウズ」（東京都中央区）で働く武田杏奈さん（30）は、夫の庭屋一浩さん（29）と社内で出会い結婚し、異なる部署で働いている。武田さんは「上司に資料を出すときは夫に相談し、家で2人で作成しています。違う視点が得られていい。（会社が）いろいろ事情を分かってくれるので働きやすいです」と笑顔を見せる。

　同社は社内結婚の割合が高い。社員数約360人のうち、これまでに社内結婚したカップルは約40組。だが、社内結婚が増え始めたのはここ10年ほどの話だ。2005年は、結婚退職や転職などで4人に1人が会社を去り、離職率は28％まで高まった。

　大事な社員が次々と辞めていく深刻な事態に危機感をもち、さまざまな働き方改革を実行。在宅勤務制度など働きやすい環境整備に力を入れる<u>一方</u>①、社員同士のコミュニケーションを活発化させよう<u>と</u>②、部活動制度をもうけた。部員が5人集まれば、会社が部費を出して活動を支援。現在は「フットサル部」など約30の部活があり、他部署の社員と交流を深められる場となった。離職率は4％を切る<u>までに</u>③なった。

　広報担当者は「世界一のソフトウエアを作るという目標があ

①…いっぽう

②…とa

③…までa

り、その目標達成には④人が必要なのに辞めていく。一人一人がモチベーション高く働くには④、働き方を見直す必要があった。今は離職率も低下し、コミュニケーションも活発化した。働きやすい、働きがいがある会社になったから、社内結婚が増えたのかも。（改革前は）社内結婚の割合は低かった」と話した。

手当、交流の場提供

国立社会保障・人口問題研究所は9月、「出生動向基本調査（結婚と出産に関する⑤全国調査）」（15年）の結果をまとめた。夫婦が出会ったきっかけ⑥を尋ねると、「友人・兄弟姉妹を通じて」（30.9％）に続いて「職場で」が28.1％と⑦2位だった。1992年の調査では、職場と回答した人が35％でトップだった。結婚した2人が出会う場所は、今も昔も職場が上位だが、割合は減少傾向にあるようだ。

そんな中、社内恋愛を応援する企業が現れた。「社内結婚したカップルには30万円」。ウェブ事業などを手がける「DYM」（東京都品川区）は、11年から社内結婚手当を導入した。社内恋愛中の社員を応援しようと②、水谷佑毅社長が発案。社員同士の恋愛を応援することで、社内の結束力を高める狙いがある。社内結婚をした女性は「結婚式の費用の足しになってありがたかった」と話した。同社は「社員同士すごく仲が良くなり、離職率も低くなった」。

トヨタ自動車では、「恋活プログラム奏」を実施。グループ企業の独身社員を対象に、ランチ会や、話し方のコツを伝授するセミナーなど、さまざまな出会いの場を提供している。異業種間交流が、社員同士のコミュニケーションを活発化しているという⑧。

広報担当者は「普段出会わない職場の人と交流することで、新たな仕事につながる⑨ケースがある。良い雰囲気を社内に醸

成するのにも役立つ。プログラムを通じて結婚した社員もいます」と意義を話す。同社は10月から、在宅勤務の対象者を「1歳未満の子どもがいる社員」から、一定の勤続年数を経た総合職全体へと広げた。社内合コンはほんの1例で、今後も働きやすい職場環境づくりに取り組んでいくという。

⑩…とりくむ
⑧…という

人柄わかる安心感

一方で、家電メーカー「ダイニチ工業」（新潟市）は、社内恋愛を推奨しているわけではないが、既婚の正社員337人のうち88人が社内結婚。運動会、相撲大会、社員旅行など社内行事が多く、運営は若手社員が担う。社内運動会がきっかけで結婚した20代の男性は「運動会では各組に応援団があり、応援合戦のためにダンスを考えたりする。若手が中心なので、同世代の交流が生まれやすかった」。30代の男性社員は「社外の人と知り合う機会が少ない。社内ならある程度人柄を分かっているので安心感があったし、会社の雰囲気として社内結婚がNGではないことが大きいと思う」と答えた。

①…いっぽう
⑪…わけではない

⑥…きっかけ

⑫…たり

3. 本文の内容に合わせて、以下の空欄を埋めてください。

（1）武田さんと庭屋さんは社内で＿＿＿＿＿＿て、結婚した。

（2）社員が次々に辞めていく事態に会社は危機感を＿＿＿＿＿＿た。

（3）会社は、働きやすい環境整備に力を＿＿＿＿＿＿た。

（4）さまざまな改革を実行したことで、離職率は4％を＿＿＿＿＿＿た。

（5）社員のモチベーションを高めるために、会社は働き方を＿＿＿＿＿＿た。

（6）改革の結果、働きがいの＿＿＿＿＿＿会社になった。

（7）職場結婚の割合は減少傾向に＿＿＿＿＿＿ようだ。

（8）結婚手当が結婚式の費用の＿＿＿＿＿＿になったと話す女性社員もいる。

II　話す練習 （この文章の内容について、次の質問に答えてください。）

1. サイボウズでは、社内結婚はどのぐらいありますか。いつごろから増えましたか。
   - 🗝 キーワード　360人、約40組 // 10年

2. サイボウズが働き方改革をしたのはなぜですか。どのような改革をしましたか。離職率はどう変わりましたか。
   - 🗝 キーワード　2005年、離職率、28％、危機感 // 在宅勤務制度、環境整備 // 社員同士、コミュニケーション、部活動、支援 // 4％

3. 「出生動向基本調査」（2015年）では、夫婦が出会ったきっかけは、どのようになっていますか。1992年の調査では、どうでしたか。
   - 🗝 キーワード　友人・兄弟姉妹、30.9％、職場、28.1％、2位 // 職場、35％、トップ

4. ＤＹＭでは、どのように「社内恋愛を応援」していますか。その目的は何ですか。結果はどうですか。
   - 🗝 キーワード　社内結婚、30万円 // 結束力 // 社員同士、離職率

5. トヨタ自動車の「恋活プログラム」は、どのようなものですか。
   - 🗝 キーワード　グループ企業、独身社員、ランチ会・セミナーなど、出会いの場

6. ダイニチ工業では、社内結婚はどのぐらいありますか。社内結婚が多い理由として、どのようなことがありますか。
   - 🗝 キーワード　既婚の正社員、337人、88人 // 運動会・相撲大会・社員旅行、社内行事、運営、若手社員、同世代、交流 // 社内、人柄、安心感 // 会社の雰囲気

7. あなたの国では、夫婦が出会ったきっかけは、どのようなものが多いですか。夫婦が同じところ（会社など）で働いている例は多いですか。この文章について、あなたはどのような感想・意見を持ちましたか。

Ⅲ　書く練習

1. Ⅰ の 2 の「いっぽう」「と a」「まで a」「には」「きっかけ」「という」「わけではない」「たり」を使って、それぞれ一つずつ文を作ってください。

2. この文章について、あなたの国の状況にも触れながら、感想・意見を 800 字～1,200 字で書いてください。

5. 働き方——変わる・変える

ＡＩが代替・進む少子高齢化

「男性が家族を養う」「同じ会社で働き続ける」。こうした旧来の働き方の構図はいま、崩れようとしている。拍車をかけるのが、人工知能（ＡＩ）などによる第４次産業革命だ。

野村総合研究所[*1]が2015年に出した報告書は「30年には、日本の現在の労働人口の半数がＡＩやロボットで代替可能」と予測する。可能性が高いのは、事務員や配達員、レジ係などの仕事や、公認会計士などのデータ分析を伴う仕事。ＡＩやロボットが得意とする。

主任コンサルタントの岸浩稔さんは「意思決定や専門性が非常に高い仕事など、人間でなければできない仕事が残る」と話す。そのうえで「企業は多くの従業員を抱える必要がなくなり、とがった能力[*2]を生かして複数の会社で同時に働くような人も増えるだろう。企業は、女性や外国人など多様な人材を生かして生産性を高めることが生き残りのかぎになる」とみる。

少子高齢化も働き方を変える。総務省などによると、日本の生産年齢人口（15〜64歳）は1995年をピークに減少し、2060年にはピーク時から半減するとされる。

「人生100年時代」の新しい人生設計の必要性について提唱しているロンドン・ビジネススクールのリンダ・グラットン[*3]教授は説く。「75歳くらいまでは働く前提で考えなければならない時代に入っている。より多くの女性や高齢者が働くようになり、起業や規模の小さい会社も増えるだろう」。

新しい時代を見据えた模索も始まっている。

人材活用、個々の事情に配慮

「50代になったら、この会社に居場所はないな」。東京都福生市の尼崎慎吾さん(59)は会社勤めだった10年前、そう感じていた。

午前6時に家を出て、帰宅は午後11時過ぎ。子ども2人の世話は妻まかせ。25年間、そんな仕事人生を送ってきたが、50代になればポストも減っていく。

自分たちの世代は年金も減り、定年後も働き続けなければ経済的に苦しい。「気力と体力があるうちに次の道を見つけよう」。50歳を機に退社を決めた。

年齢を理由に居場所がなくなった経験から、子育てや年齢、障害などでフルタイム勤務が難しい人が働ける場をつくろうと考えた。

地元にも貢献しようと、2011年に介護事業会社「めるざさ」をつくる。視覚障害者によるマッサージと訪問介護が柱で、徐々に育児支援などにも広げた。

最初の正社員3人のうち、2人はすぐ辞めた。尼崎さんにとって、職場では上司の指示に従うのが常識だったが、上意下達[*4]が通じない。社員は家庭との両立も大切にしていた。「仕事観が違った」と思い知る。

生活習慣の違いなどで年配の人のケアが難しい外国人のヘルパーは、育児支援を中心に。社長室にと考えていた部屋は、「冬休み中に子どもを見る人がいない」というパートの要望で託児室に。個々の事情に配慮しつつ仕事を振る[*5]と、続ける人が増えた。

いま正社員は8人、常勤パートが3人、他に登録ヘルパー[*6]もいる。働きたい時間も、もらいたい給与の額もそれぞれ違う。「丁寧にマッチングすれば[*7]、人材を活用できる。楽しく無理なく働ける職場にしたい」。

同じ仕事、地方でも自宅でも

東京都府中市の福嶋祐子さん(34)は結婚を機に09年、食品会社を辞

めた。夫は転勤族*8。「子育てと両立するには、この会社では無理」と思ったからだ。

　再就職した会社は「テレワークマネジメント*9」だ。インターネットなどを活用して在宅勤務をする「テレワーク」の導入を支援したり、システムを販売したりする。東京と北海道北見市にオフィスを構え、自社の社員の多くも在宅で働く。

　福嶋さんは夫が単身赴任中のいま、子どもを育てながら週３日のフルタイム勤務だ。「細く長く続ける選択肢が必要だった」という。

　同社の田澤由利社長（55）は「家族との時間を大事にしたい」と大手電機メーカーを1991年に退社し、３人の子育てとフリーライター*10を両立させた。「家で働きたい」と願う女性たちに仕事の機会をつくろうと、会社を起こした。

　「地方でも自宅でも会社と同じ環境をつくり、時間を有効活用できるのがテレワークの利点。生産性を上げ、企業が生き残っていくための戦略です」と語る。

（2017年12月29日付『朝日新聞』）

注　*１　企業名。
　　*２　個性的で優れた能力。
　　*３　Lynda Gratton（1955－　）
　　*４　上位の者が命令・意向を下に伝え実行させること。
　　*５　仕事を割り当てる。
　　*６　訪問介護に行ける曜日や時間が登録してあるヘルパー。
　　*７　丁寧に仕事や時間を組み合わせれば。（matching）
　　*８　勤務地が次々に変わる会社員や公務員。
　　*９　企業名。（Telework Management）
　　*10　どこにも所属していないライター。（free writer［和製英語］）

I 漢字の読み方と語句の使い方

1．本文の漢字の読み方を下記で確認してください。

2．下線のある語句の意味と使い方を巻末の「語句の用例」で確認してください。

働き方――変わる・変える

ＡＩが代替・進む少子高齢化

「男性が家族を養う」「同じ会社で働き続ける」。こうした旧来の働き方の構図はいま、崩れようとしている。拍車をかけるのが、人工知能（ＡＩ）などによる①第４次産業革命だ。

野村総合研究所が2015年に出した報告書は「30年には、日本の現在の労働人口の半数がＡＩやロボットで代替可能」と予測する。可能性が高いのは、事務員や配達員、レジ係などの仕事や、公認会計士などのデータ分析を伴う仕事。ＡＩやロボットが得意とする。

主任コンサルタントの岸浩稔さんは「意思決定や専門性が非常に高い仕事など、人間でなければできない仕事が残る」と話す。そのうえで②「企業は多くの従業員を抱える必要がなくなり、とがった能力を生かして③複数の会社で同時に働くような人も増えるだろう。企業は、女性や外国人など多様な人材を生かして③生産性を高めることが生き残りのかぎになる」とみる。

少子高齢化も働き方を変える。総務省などによると④、日本の生産年齢人口（15〜64歳）は1995年をピークに減少し、2060年にはピーク時から半減するとされる⑤。

「人生100年時代」の新しい人生設計の必要性について提唱しているロンドン・ビジネススクールのリンダ・グラットン教

①…よるa

②…うえでa

③…いかす

③…いかす

④…によると

⑤…する

授は説く。「75歳くらいまでは働く前提で⑥考えなければならない時代に入っている。より多くの女性や高齢者が働くようになり、起業や規模の小さい会社も増えるだろう」。

新しい時代を見据えた模索も始まっている。

人材活用、個々の事情に配慮
「50代になったら、この会社に居場所はないな」。東京都福生市の尼崎慎吾さん(59)は会社勤めだった10年前、そう感じていた。

午前6時に家を出て、帰宅は午後11時過ぎ。子ども2人の世話は妻まかせ。25年間、そんな仕事人生を送ってきたが、50代になればポストも減っていく、自分たちの世代は年金も減り、定年後も働き続けなければ経済的に苦しい。「気力と体力があるうちに次の道を見つけよう」。50歳を機に⑦退社を決めた。

年齢を理由に居場所がなくなった経験から、子育てや年齢、障害などでフルタイム勤務が難しい人が働ける場をつくろうと考えた。

地元にも貢献しようと⑧、2011年に介護事業会社「めるざさ」をつくる。視覚障害者による①マッサージと訪問介護が柱で、徐々に育児支援などにも広げた。

最初の正社員3人のうち、2人はすぐ辞めた。尼崎さんにとって⑨、職場では上司の指示に従うのが常識だったが、上意下達が通じない。社員は家庭との両立も大切にしていた。「仕事観が違った」と思い知る。

生活習慣の違いなどで年配の人のケアが難しい外国人のヘルパーは、育児支援を中心に。社長室にと考えていた部屋は、「冬休み中に子どもを見る人がいない」というパートの要望で託児室に。個々の事情に配慮しつつ⑩仕事を振ると、続ける人が増えた。

⑥…ぜんてい

⑦…きに

⑧…とa

①…よるa

⑨…にとって

⑩…つつ

いま正社員は8人、常勤パートが3人、他に登録ヘルパーもいる。働きたい時間も、もらいたい給与の額もそれぞれ違う。「丁寧にマッチングすれば、人材を活用できる。楽しく無理なく働ける職場にしたい」。

同じ仕事、地方でも自宅でも

東京都府中市の福嶋祐子さん（34）は結婚を機に⑦09年、食品会社を辞めた。夫は転勤族。「子育てと両立するには⑪、この会社では無理」と思ったからだ。

再就職した会社は「テレワークマネジメント」だ。インターネットなどを活用して在宅勤務をする「テレワーク」の導入を支援したり、システムを販売したりする。東京と北海道北見市にオフィスを構え、自社の社員の多くも在宅で働く。

福嶋さんは夫が単身赴任中のいま、子どもを育てながら週3日のフルタイム勤務だ。「細く長く続ける選択肢が必要だった」という。

同社の田澤由利社長（55）は「家族との時間を大事にしたい」と⑧大手電機メーカーを1991年に退社し、3人の子育てとフリーライターを両立させた。「家で働きたい」と願う女性たちに仕事の機会をつくろうと⑧、会社を起こした。

「地方でも自宅でも会社と同じ環境をつくり、時間を有効活用できるのがテレワークの利点。生産性を上げ、企業が生き残っていくための戦略です」と語る。

⑦…きに
⑪…には
⑧…と a
⑧…と a

3．本文の内容に合わせて、以下の空欄を埋めてください。

（1）働き方の変化に人工知能が拍車を_____いる。

（2）事務員や配達員、レジ係などの仕事はＡＩやロボットが得意と

　　　_____。

（3）企業は多くの従業員を＿＿＿＿＿＿必要がなくなる。

（4）企業は多様な人材を生かして生産性を＿＿＿＿＿＿なければならない。

（5）尼崎さんは仕事中心の人生を＿＿＿＿＿＿きた。

（6）尼崎さんは、「気力と体力が＿＿＿＿＿＿うちに」と考えて、退職した。

（7）以前の職場では上司の指示に＿＿＿＿＿＿のは当然のことだった。

（8）福嶋さんは仕事と子育てを＿＿＿＿＿＿のは無理だと思った。

II　話す練習（この文章の内容について、次の質問に答えてください。）

1．野村総合研究所の報告書では、どのようなことを予測していますか。
   - キーワード　2030年、現在の労働人口、半数、ＡＩ・ロボット

2．それについて、岸さんはどのように述べていますか。
   - キーワード　意思決定、専門性、人間 // 企業、女性・外国人、多様な人材、生産性、生き残り

3．少子高齢化との関連で、グラットン教授はどのように述べていますか。
   - キーワード　75歳 // 女性、高齢者 // 起業、小さい会社

4．尼崎さんはどうして会社を辞めましたか。
   - キーワード　50代、ポスト // 年金、気力・体力、次の道

5．尼崎さんは介護事業会社をつくりましたが、当初どんな問題がありましたか。それをどのように変えましたか。今尼崎さんはどのように述べていますか。
   - キーワード　上意下達、家庭との両立、仕事観 // 外国人のヘルパー、育児支援、パートの要望、託児室、個々の事情 // 働きたい時間、もらいたい給与、マッチング、人材の活用

6. 福嶋さんはどうして食品会社を辞めましたか。再就職した会社ではどのように仕事をしていますか。
   - キーワード　結婚、夫、転勤族、子育て、両立 // 子ども、週3日、フルタイム、細く長く

7. 田澤社長は、どういう目的でこの会社をつくりましたか。また、テレワークの利点について、どのように述べていますか。
   - キーワード　家、女性、仕事の機会 // 地方、自宅、同じ環境、時間、有効活用

8. あなたの国でも、「働き方」について近年何か変化がありますか。この文章について、あなたはどのような感想・意見を持ちましたか。

Ⅲ　書く練習

1. Ⅰの2の「よるa」「いかす」「によると」「する」「ぜんてい」「きに」「にとって」「つつ」を使って、それぞれ一つずつ文を作ってください。

2. この文章について、あなたの国の状況にも触れながら、感想・意見を800字～1,200字で書いてください。

Ⅱ 少子高齢社会

6. なぜ少子化が社会問題なのか

マクロ的なメリットはあるのか

　人口減少は、大歓迎と評価する人もいる。人口爆発といわれるぐらい、地球全体で人口が増えすぎて、地球環境への悪影響や、食糧事情の悪化、資源、エネルギーの枯渇が心配されている。そこで、日本で人口が減るのは大歓迎、自然破壊や資源乱獲を防ぐのに役立つというものである。

　ただ、日本の人口減少は世界規模で見ればほんのわずかであり、自然環境への影響など焼け石に水[*1]といってよい。確かに、先進国では一人あたりのエネルギー消費量は高いが、省エネ[*2]や環境に配慮した生活も浸透しつつある。人口爆発を本当に心配するならアフリカや中南米の動向を、資源、エネルギーを心配するなら中国やインドの動向を問題にすべきであり、これらの地域の国々の人口増加や一人あたりのエネルギー消費の増加に比べれば、日本や他の先進国の少子化の影響など微々たるものである。

　100年、200年という長期的視点に立てば、地球環境全体にとってはメリットかも知れないが、少なくとも10年、20年というタイムスパン[*3]では、この意味でのメリットはほとんど考えられない。

　素人的なメリット論では、通勤電車の混雑がなくなるとか、取り上げる価値のないものも多く言われる。中には、人口が少なくなるから大学に入りやすくなるとか、好きな職業に就けるようになると言う人もいる。しかし、入学しやすくなった大学は、行く価値も減じていく。2006年の時点で、大学全入時代とか、大学倒産時代と言われているくらいなのだ（新人口予測だと、2070年頃には、生まれた子どもが全員大学に入学しても、まだ定員が余ってしまう）。職業になると、これは、それ以上に見込みがない。人口が減少すれば、医者や弁護士になりたい人は皆なれるという

のは、無理な論理である。人口が少なくなれば、必要とされる医者の数も減るだけで、全体的ななりやすさには変わりはない。むしろ、高齢の専門職の人が居残れば、逆に、若者はなりにくくなる可能性もある。

このように、日本社会にとって、人口が減少することによるマクロ的なメリットは考えにくいのだ。

マクロ的なデメリット

次に、人口減少が日本社会（全体）に与える影響を考えてみよう（これをマクロ的なデメリットと呼んでおく）。

もし、人口構成が変わらずに、総人口が減るのならば、大きな問題はない。しかし、現在進行中の少子化は、子どもの数が少なくなり、高齢者の割合が増えていく少子高齢化である。子どもの数が減り続ければ、それに引き続いて、働く人の割合が低下する。そして、高齢者の人数のみが増加し、高齢者の割合が高まる。寿命の延びを考えなくても、少子化は、高齢化、つまり、人口の中での高齢者割合の増加につながる。

2005年現在、65歳以上の高齢者の割合は、21％に達している。1990年には12％であったことを考えると、極めて「急速な」高齢化が進んでいるのだ。このまま、少子化が進行すると、結果的に高齢者の割

図1　高齢者人口割合の推移（中位推計）　　図2　高齢者人口の推移（中位推計）

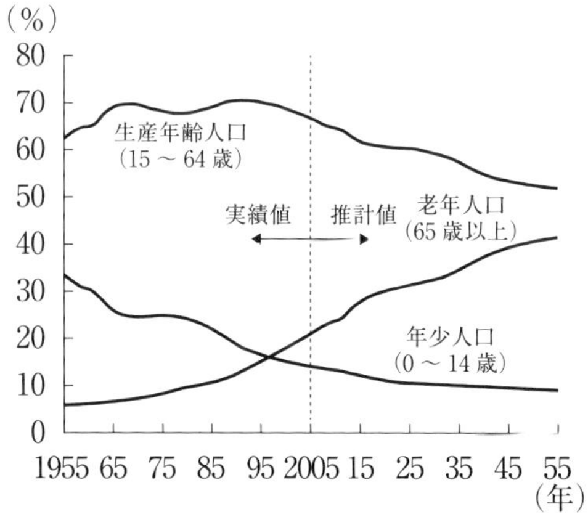

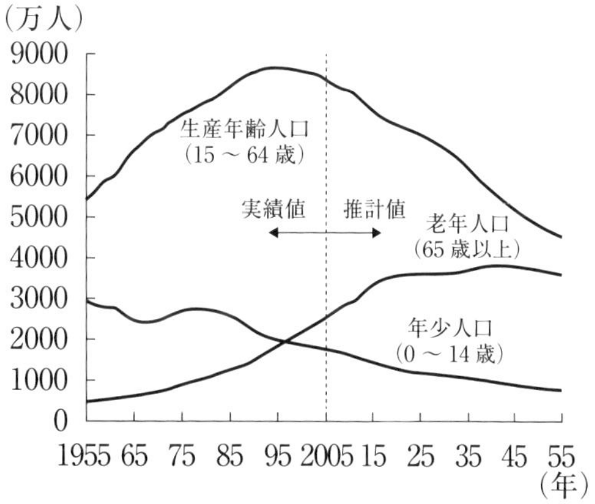

出典：『日本の将来推計人口』（2006年12月）、　出典：同左
　　　国立社会保障・人口問題研究所

合が増えて、2025年には約30.9％、2055年には、約38.1％になると試算されている（図1）。平均寿命の延びも予測され、人数も増加する。2005年の高齢者人口は、25,761,000人だが、団塊世代[*4]が高齢者の仲間入りをするようになり、2025年には、37,113,000人、ここから増え方は減り、2042年にピークを迎え、2055年には38,104,000人となると予測されている（図2）。その時、15歳未満の子ども数はたった7,522,000人で、高齢者5人に子ども1人の割合となる。

　少子化の結果としての「人口構成の変化」によって、日本社会には、①労働力不足、②年金などの社会保障負担の増大、③経済成長の鈍化などのデメリットが生じることが確実視されている。順に見ていこう。

　日本は働いている高齢者が、他の先進国に比べて多い社会である（清家篤『生涯現役社会』）。しかし、今後、後期高齢者と言われる75歳以上の人が増える。さすがに、日本でも、75歳以上の人の労働力率は低い。働く気はあっても、有病率[*5]、要介護率[*6]などが高まり、リタイアする人が増える。一方、少子化により、働く世代は今後減少していく。その結果、日本全体で労働力不足が起きることが心配されている。

　次に、社会保障の問題である。現在、原則65歳以上の高齢者には、公的年金が支給される。日本では、賦課方式といって、現役世代が支払っている拠出金で、高齢者の年金を賄うというシステムに実質的になっている。年金を受け取る高齢者が増え、働く現役世代の人口が減ると、それだけ、年金財政が破綻する懸念が出てくる。医療保険について言えば、高齢者は有病率が高いので、実質的に、現役世代の掛け金[*7]によって、高齢者の医療費が払われている。そのため、少子高齢化は、健康保険財政にも悪影響を与える。そして、介護保険となると、その財政状況が急速に悪化することはいうまでもない。

　最後に、消費が旺盛な現役世代が減り、全体の人口も減れば、当然、需要も減る。需要が低下するところでは、新規の投資が起きにくい。そ

れだけ、経済成長に悪影響を及ぼすことが懸念されている。

(山田昌弘『少子社会日本―もうひとつの格差のゆくえ』岩波新書 2007)

注 *1　焼けて熱くなった石に水をかけても温度が下がらないように、ほとんど効果がないこと。
　　*2　エネルギーを節約すること。「省エネルギー」の略。
　　*3　期間。(time span)
　　*4　1947年から1949年までに生まれた世代。その世代は一つの塊(かたまり)のように人口が多い。
　　*5　病気やけがをしている人の割合。
　　*6　介護が必要な人の割合。
　　*7　保険料。

I　漢字の読み方と語句の使い方

1．本文の漢字の読み方を下記で確認してください。

2．下線のある語句の意味と使い方を巻末の「語句の用例」で確認してください。

なぜ少子化が社会問題なのか

マクロ的なメリットはあるのか

人口減少は、大歓迎と①評価する人もいる。人口爆発といわれるぐらい②、地球全体で人口が増えすぎて、地球環境への悪影響や、食糧事情の悪化、資源、エネルギーの枯渇が心配されている。そこで、日本で人口が減るのは大歓迎、自然破壊や資源乱獲を防ぐのに役立つというものである。

ただ、日本の人口減少は世界規模で見ればほんのわずか③であり、自然環境への影響など焼け石に水といってよい。確かに④、

①…と a
②…ぐらい
③…わずか
④…たしかに

先進国では一人あたりのエネルギー消費量は高いが、省エネや環境に配慮した生活も浸透しつつある⑤。人口爆発を本当に心配するならアフリカや中南米の動向を、資源、エネルギーを心配するなら中国やインドの動向を問題にすべきであり、これらの地域の国々の人口増加や一人あたりのエネルギー消費の増加に比べれば、日本や他の先進国の少子化の影響など微々たるものである。

　100年、200年という長期的視点に立てば、地球環境全体にとっては⑥メリットかも知れないが、少なくとも⑦10年、20年というタイムスパンでは、この意味でのメリットはほとんど考えられない。

　素人的なメリット論では、通勤電車の混雑がなくなるとか、取り上げる⑧価値のないものも多く言われる。中には、人口が少なくなるから大学に入りやすくなるとか、好きな職業に就けるようになると言う人もいる。しかし、入学しやすくなった大学は、行く価値も減じていく。2006年の時点で、大学全入時代とか、大学倒産時代と言われているくらいなのだ②（新人口予測だと、2070年頃には、生まれた子どもが全員大学に入学しても、まだ定員が余ってしまう）。職業になると⑨、これは、それ以上に見込みがない⑩。人口が減少すれば、医者や弁護士になりたい人は皆なれるというのは、無理な論理である。人口が少なくなれば、必要とされる⑪医者の数も減るだけで、全体的ななりやすさには変わりはない。むしろ⑫、高齢の専門職の人が居残れば、逆に、若者はなりにくくなる可能性もある。

　このように、日本社会にとって⑥、人口が減少することによる⑬マクロ的なメリットは考えにくいのだ。

マクロ的なデメリット

　次に、人口減少が日本社会（全体）に与える影響を考えて

⑤…つつある

⑥…にとって
⑦…すくなくとも

⑧…とりあげる

②…くらい

⑨…なると
⑩…みこみ

⑪…する
⑫…むしろ

⑥…にとって
⑬…よるb

みよう（これをマクロ的なデメリットと呼んでおく）。

　もし、人口構成が変わらずに⑭、総人口が減るのならば、大きな問題はない。しかし、現在進行中の少子化は、子どもの数が少なくなり、高齢者の割合が増えていく少子高齢化である。子どもの数が減り続ければ、それに引き続いて、働く人の割合が低下する。そして、高齢者の人数のみが増加し、高齢者の割合が高まる。寿命の延びを考えなくても、少子化は、高齢化、つまり、人口の中での高齢者割合の増加につながる⑮。

　2005年現在、65歳以上の高齢者の割合は、21％に達している。1990年には12％であったことを考えると、極めて「急速な」高齢化が進んでいるのだ。このまま⑯、少子化が進行すると、結果的に高齢者の割合が増えて、2025年には約30.9％、2055年には、約38.1％になると試算されている（図1）。平均寿命の延びも予測され、人数も増加する。2005年の高齢者人口は、25,761,000人だが、団塊世代が高齢者の仲間入りをするようになり、2025年には、37,113,000人、ここから増え方は減り、2042年にピークを迎え、2055年には38,104,000人となると予測されている（図2）。その時、15歳未満の子ども数はたった7,522,000人で、高齢者5人に子ども1人の割合となる。

　少子化の結果としての「人口構成の変化」によって⑬、日本社会には、①労働力不足、②年金などの社会保障負担の増大、③経済成長の鈍化などのデメリットが生じることが確実視されている⑰。順に見ていこう。

　日本は働いている高齢者が、他の先進国に比べて多い社会である（清家篤『生涯現役社会』）。しかし、今後、後期高齢者と言われる75歳以上の人が増える。さすがに⑱、日本でも、75歳以上の人の労働力率は低い。働く気はあっても、有病率、要介護率などが高まり、リタイアする人が増える。一方⑲、少子

⑭…ず

⑮…つながる

⑯…まま

⑬…よるb

⑰…しする

⑱…さすが

⑲…いっぽう

化により⑬、働く世代は今後減少していく。その結果⑳、日本全体で労働力不足が起きることが心配されている。

次に、社会保障の問題である。現在、原則65歳以上の高齢者には、公的年金が支給される。日本では、賦課方式といって㉑、現役世代が支払っている拠出金で、高齢者の年金を賄う㉒というシステムに実質的になっている㉓。年金を受け取る高齢者が増え、働く現役世代の人口が減ると、それだけ㉔、年金財政が破綻する懸念㉕が出てくる。医療保険について言えば、高齢者は有病率が高いので、実質的に、現役世代の掛け金によって㉖、高齢者の医療費が払われている。そのため、少子高齢化は、健康保険財政にも悪影響を与える。そして、介護保険となると⑨、その財政状況が急速に悪化することはいうまでもない㉗。

最後に、消費が旺盛な現役世代が減り、全体の人口も減れば、当然、需要も減る。需要が低下するところでは、新規の投資が起きにくい。それだけ㉔、経済成長に悪影響を及ぼす㉘ことが懸念されている㉕。

⑬…よるb
⑳…けっか

㉑…といってa
㉒…まかなう
㉓…なっている
㉔…だけ
㉕…けねん
㉖…よるa

⑨…なると
㉗…いうまでもない

㉔…だけ
㉘…およぼす
㉕…けねん

3．本文の内容に合わせて、以下の空欄を埋めてください。

（1）先進国では、一人＿＿＿＿＿＿＿＿のエネルギー消費量が高い。

（2）アフリカや中南米の人口増加に比べれば、日本や他の先進国の少子化の影響など＿＿＿＿＿＿＿＿ものである。

（3）先進国の少子化は長期的な視点に＿＿＿＿＿＿＿＿ば、地球環境全体にとってはメリットかもしれない。

（4）人口減少が日本社会に＿＿＿＿＿＿＿＿影響を考えてみたい。

（5）2005年現在、高齢者の割合は21％に＿＿＿＿＿＿＿＿いる。

（6）日本は急速に高齢化が＿＿＿＿＿＿＿＿いる。

（7）65歳以上の高齢者には公的年金が＿＿＿＿＿＿＿＿。

（8）現役世代が支払う拠出金で高齢者の年金を＿＿＿＿＿＿＿＿。

II 話す練習 （この文章の内容について、次の質問に答えてください。）

1. 「日本の人口減少は自然破壊や資源乱獲を防ぐのに役立つ」と言う人に対して、筆者はどのように反論していますか。
   - キーワード　世界規模、自然環境 // 省エネ、環境に配慮

2. 「少子化で大学に入りやすくなる」「好きな職業に就けるようになる」という人に対しては、筆者はどのように反論していますか。
   - キーワード　価値 // 医者・弁護士、高齢の専門職

3. 日本で進行中の少子化は、どんな特徴がありますか。
   - キーワード　人口構成、子どもの数、高齢者の割合

4. 「人口構成の変化によって、労働力不足が生じる」と筆者は述べていますが、その理由をどのように説明していますか。
   - キーワード　75歳以上、労働力率、有病率、要介護率 // 少子化、働く世代

5. 「人口構成の変化によって、社会保障負担が増大する」と筆者は述べていますが、その理由をどのように説明していますか。
   - キーワード　65歳以上、公的年金、現役世代の拠出金、高齢者の年金 // 高齢者、有病率 // 現役世代の掛け金、高齢者の医療費

6. 「人口構成の変化によって、経済成長が鈍化する」と筆者は述べていますが、その理由をどのように説明していますか。
   - キーワード　消費、現役世代、全体の人口、需要、投資

7. あなたの国でも少子化という問題がありますか。あるとしたら、それによって、どのような問題が起こっていますか。この文章について、あなたはどのような感想・意見を持ちましたか。

Ⅲ 書く練習

1. Ⅰの2の「くらい」「たしかに」「すくなくとも」「とりあげる」「なると」「みこみ」「さすが」「いうまでもない」を使って、それぞれ一つずつ文を作ってください。

2. この文章について、あなたの国の状況にも触れながら、感想・意見を800字～1,200字で書いてください。

7.「買い物弱者」

　大阪中心部から南に30㌔ほどの大阪府和泉市緑ケ丘。昼すぎ、大阪いずみ市民生協の移動販売車から、Ａさん（84）が手すりづたいに降りてきた。

　「足が悪いので１週間分の買い物をしている。宅配サービスと違い、目で見て選べるのもいいですね」。この日は、野菜などの食品を中心にカートがパンパンになる*1ほど買い込んだ。「車も運転できないので、とても助かっています」。

　自宅は徒歩で数分先。販売車が来る前は、約２㌔離れたスーパーまで、買い物に出かけていた。だが、坂道が多く、つえをついて歩くのはしんどい。やむなく*2タクシーを利用することもあったから、大助かりだ*3。

　移動販売車内に、一度に３、４人は入れる。幅50㌢ほどの通路を挟み冷蔵ケースや陳列棚が並ぶ。野菜や肉、魚介類。刺し身の「お造り」*4もあり、弁当もあった。

　緑ケ丘は1970年代から宅地開発が進み、800戸以上の一戸建てが整然と並ぶ。大阪の中心部まで、鉄道やバスに乗って１時間ほどだ。当時のサラリーマンにとって「庭付きの新築」は一つの「夢」。緑ケ丘は、そんな時代背景とニーズに合った典型的なニュータウンといえる。

　いずみ緑ケ丘自治会*5の監事を務めるＢさん（79）は「昔、地域に小さなスーパーがあったころ、住民はみんな若く、車で大きなスーパーで買い物をしていた。地域の店は間に合わせ程度にしか使っていなかった」。約20年前、その小さなスーパーは撤退した。街は坂道が多い。高齢になり、車の運転に不安を覚えるようになった今、そのありがたさが初めて分かる。

　2014年５月から自治会は大阪いずみ市民生協と提携し、移動販売車

が週に１回、緑ケ丘を巡回するようになった。３カ所で15～20分、停車する。自治会は住民が利用するように協力し、袋詰めなどをボランティアで手伝う。

　この生協の販売車は市内では、約５㌔離れた山荘町も巡回する。利用する主婦（78）は「以前はバイクで買い物に行っていたが、事故をきっかけにバイクに乗るのをやめた」と話した。週末、子どもの車でスーパーへ行くこともあるが、基本的には販売車の買い物で間に合わせる。「50年前、子どものためにと思いニュータウンに引っ越した。あのころ、将来こんなに不便になるなんて思いもしなかった」と嘆く。

　この「買い物弱者」の問題は、高度成長期に整備したニュータウン特有のものではない。農林水産政策研究所[*6]の10年の推計では、「買い物に苦労していると想定される」高齢者が全国で382万人いる。25年には598万人に増えると予測される。

　「苦労している高齢者」は、自宅から生鮮食料品を販売する店舗まで距離が500㍍以上あり、車を持たない65歳以上を指す。とりわけ東京、大阪、名古屋圏で顕著で、10年の115万人が、25年に231万人に倍増する。

　東京では多摩地区などで、大手スーパーなどが移動販売を行っているが、「買い物弱者」は実は都心部にもいる。

　東京都港区。虎ノ門ヒルズ[*7]近くのマンションで一人暮らしの女性（70）は「生まれた住み慣れた土地だから等価交換で[*8]ここに住むことにしたが、不自由で後悔している。昔は商店がいっぱいあったけど今はビルばかり。近くにスーパーがない。年寄りが住める街ではなくなっている」とぼやく。

　銀座のデパートは地下鉄ですぐだが、値段が高い。「何より重たい野菜や果物を持って歩くのは大変」。平日の昼は飲食店のランチで済ませ、夜や週末は自宅で簡単な食事を作る。コンビニはあるが、オフィス街のため、

生鮮食料品の品数は少ない。

　そこで、頼りにするのが、週１回の出張販売「虎ノ門マーケット」だという。港区が商店に依頼し、12年から始まった。港区の担当者は「野菜など食品は、手に取って選びたいでしょう。高齢者にとっては、買い物のやりとりが会話をする機会になり、引きこもり防止にもなる」と、その意義を説明した。

　楽天*9やアマゾン*10などのネット通販でも生鮮食品を購入できる時代になったが、「高齢者にとっては電話やファクスでの宅配サービスの注文ですら『難しい』と感じる人が珍しくない。ネットとなればなおさらハードルは高い」。

　今後、「買い物弱者」は増えていくわけだが、移動販売を増やして対処すれば済む問題なのか。ことは*11、そう単純でもない。

　問題は採算だ。販売側は利益を見込めなければ、移動販売をやめるだろう。大阪いずみ市民生協の担当者によると、一つの停車場所で、７人が購入してようやく採算が取れるという。

　例えば、11年から移動販売を始めた堺市の「中百舌鳥駅前通商店街振興組合」のケース。買い物できる店のない地域を巡回する移動販売を始めたが、要望の割に客は来ず、売り上げはほとんどなかった。組合理事長のＣさん（68）は「人件費すら回収できず、半年で百万円単位の赤字に陥った」と話す。

　事前に高知県で成功していた移動販売を視察したが、「堺市は都市部。地方と同じようにはいかなかった」と言う。移動販売が来なければ、生活に困る人が多い地方では高齢者以外の住民も積極的に購入していたというが、「堺市では、そういう考えを持つ人が少なかったように感じる」。

　都市部の移動販売の顧客は、高齢者の一部にとどまるというわけだ。車などで多少離れたスーパーに行ける人は、販売経費が上乗せされて価格が高く、品数の少ない移動販売では商品を買わない。

組合では現在、老人福祉施設などを巡回コースに追加するなどし、収益を改善させたが、なお赤字だ。「都市部では高齢者だけが孤立し買い物弱者となっている。どうすれば移動販売が存続できるのか、皆で仕組みを考えていく必要があるのではないか」（Ｃさん）。

　「買い物弱者」の問題に詳しい帯広畜産大の杉田聡教授（社会学）は「一度つぶれてしまえば、地域の店は二度とできないと考えた方がよい。家計だけを考えれば、少しでも安く良いものをと大型スーパーに足が向くかもしれないが、地域の店は治安を守るといった『社会インフラ』の側面もある」と話した。

　その上で、かつての地域の商店街と、移動販売車の存在は、ようは同じだと指摘する。「移動販売も商店街も存続することが高齢者のためだけでなく、自分の問題として、自覚すべきだ。せめて何回かに１回は利用するなど維持することに意識を向けてほしい」。

（2017年5月21日付『東京新聞』）

注　＊１　中身がいっぱいでふくれる。
　　＊２　やむをえず…。
　　＊３　大変助かる。
　　＊４　刺し身をきれいに飾って盛ったもの。
　　＊５　その地域の住民が自分たちの生活を快適なものにするために自主的に運営する組織。
　　＊６　農林水産省の政策研究を行う国の研究機関。
　　＊７　虎ノ門（地名）にある超高層ビルと周辺のビルの総称。（Toranomon Hills）
　　＊８　住んでいた土地とそこに新しく建てられたマンションの部屋とを交換して。
　　＊９　企業名。
　　＊10　企業名。（Amazon）
　　＊11　この問題は。

Ⅰ 漢字の読み方と語句の使い方

1. 本文の漢字の読み方を下記で確認してください。

2. 下線のある語句の意味と使い方を巻末の「語句の用例」で確認してください。

「買い物弱者」

大阪中心部から南に30㌔ほどの大阪府和泉市緑ケ丘。昼すぎ、大阪いずみ市民生協の移動販売車から、Aさん（84）が手すりづたいに降りてきた。

「足が悪いので1週間分の買い物をしている。宅配サービスと違い、目で見て選べるのもいいですね」。この日は、野菜などの食品を中心にカートがパンパンになるほど①買い込んだ。「車も運転できないので、とても助かっています②」。

①…ほどb

②…たすかる

自宅は徒歩で数分先。販売車が来る前は、約2㌔離れたスーパーまで、買い物に出かけていた。だが、坂道が多く、つえをついて歩くのはしんどい。やむなくタクシーを利用することもあったから、大助かりだ。

移動販売車内に、一度に3、4人は入れる。幅50㌢ほどの通路を挟み冷蔵ケースや陳列棚が並ぶ。野菜や肉、魚介類。刺し身の「お造り」もあり、弁当もあった。

緑ケ丘は1970年代から宅地開発が進み、800戸以上の一戸建てが整然と並ぶ。大阪の中心部まで、鉄道やバスに乗って1時間ほどだ。当時のサラリーマンにとって③「庭付きの新築」は一つの「夢」。緑ケ丘は、そんな時代背景とニーズに合った典型的なニュータウンといえる。

③…にとって

いずみ緑ケ丘自治会の監事を務めるBさん（79）は「昔、地

域に小さなスーパーがあったころ、住民はみんな若く、車で大きなスーパーで買い物をしていた。地域の店は間に合わせ④程度にしか使っていなかった」。約20年前、その小さなスーパーは撤退した。街は坂道が多い。高齢になり、車の運転に不安を覚えるようになった今、そのありがたさが初めて分かる。

2014年5月から自治会は大阪いずみ市民生協と提携し、移動販売車が週に1回、緑ケ丘を巡回するようになった。3カ所で15〜20分、停車する。自治会は住民が利用するように協力し、袋詰めなどをボランティアで手伝う。

この生協の販売車は市内では、約5㌔離れた山荘町も巡回する。利用する主婦（78）は「以前はバイクで買い物に行っていたが、事故をきっかけに⑤バイクに乗るのをやめた」と話した。週末、子どもの車でスーパーへ行くこともあるが、基本的には販売車の買い物で間に合わせる④。「50年前、子どものためにと思いニュータウンに引っ越した。あのころ、将来こんなに不便になるなんて思いもしなかった⑥」と嘆く。

この「買い物弱者」の問題は、高度成長期に整備したニュータウン特有のものではない。農林水産政策研究所の10年の推計では、「買い物に苦労していると想定される」高齢者が全国で382万人いる。25年には598万人に増えると予測される。

「苦労している高齢者」は、自宅から生鮮食料品を販売する店舗まで距離が500㍍以上あり、車を持たない65歳以上を指す。とりわけ東京、大阪、名古屋圏で顕著で、10年の115万人が、25年に231万人に倍増する。

東京では多摩地区などで、大手スーパーなどが移動販売を行っているが、「買い物弱者」は実は都心部にもいる。

東京都港区。虎ノ門ヒルズ近くのマンションで一人暮らしの女性（70）は「生まれた住み慣れた土地だから等価交換でここに住むことにしたが、不自由で後悔している。昔は商店がいっぱ

④…まにあわせる

⑤…きっかけ

④…まにあわせる

⑥…もしない

いあったけど今はビルばかり。近くにスーパーがない。年寄りが住める街ではなくなっている」とぼやく。

銀座のデパートは地下鉄ですぐだが、値段が高い。「何より重たい野菜や果物を持って歩くのは大変」。平日の昼は飲食店のランチで済ませ、夜や週末は自宅で簡単な食事を作る。コンビニはあるが、オフィス街のため、生鮮食料品の品数は少ない。

そこで、頼りにするのが、週1回の出張販売「虎ノ門マーケット」だという⑦。港区が商店に依頼し、12年から始まった。港区の担当者は「野菜など食品は、手に取って選びたいでしょう。高齢者にとっては③、買い物のやりとりが会話をする機会になり、引きこもり防止にもなる」と、その意義を説明した。

楽天やアマゾンなどのネット通販でも生鮮食品を購入できる時代になったが、「高齢者にとっては③電話やファクスでの宅配サービスの注文ですら⑧『難しい』と感じる人が珍しくない。ネットとなれば⑨なおさらハードルは高い」。

今後、「買い物弱者」は増えていくわけだが、移動販売を増やして対処すれば済む⑩問題なのか。ことは、そう単純でもない。

問題は採算だ。販売側は利益を見込めなければ⑪、移動販売をやめるだろう。大阪いずみ市民生協の担当者によると⑫、一つの停車場所で、7人が購入してようやく採算が取れるという⑦。

例えば、11年から移動販売を始めた堺市の「中百舌鳥駅前通商店街振興組合」のケース。買い物できる店のない地域を巡回する移動販売を始めたが、要望の割に⑬客は来ず⑭、売り上げはほとんどなかった。組合理事長のCさん(68)は「人件費すら⑧回収できず⑭、半年で百万円単位の赤字に陥った」と話す。

事前に高知県で成功していた移動販売を視察したが、「堺市は都市部。地方と同じようにはいかなかった⑮」と言う。移動販売が来なければ、生活に困る人が多い地方では高齢者以外の住

⑦…という

③…にとって

③…にとって
⑧…すら
⑨…なれば

⑩…すむ
⑪…みこむ
⑫…によると
⑦…という

⑬…わりに
⑭…ず
⑧…すら
⑭…ず

⑮…いく

民も積極的に購入していたという⑦が、「堺市では、そういう考えを持つ人が少なかったように感じる」。

都市部の移動販売の顧客は、高齢者の一部にとどまる⑯というわけだ。車などで多少離れたスーパーに行ける人は、販売経費が上乗せされて価格が高く、品数の少ない移動販売では商品を買わない。

組合では現在、老人福祉施設などを巡回コースに追加するなどし、収益を改善させたが、なお赤字だ。「都市部では高齢者だけが孤立し買い物弱者となっている。どうすれば移動販売が存続できるのか、皆で仕組みを考えていく必要があるのではないか⑰」（Cさん）。

「買い物弱者」の問題に詳しい帯広畜産大の杉田聡教授（社会学）は「一度つぶれてしまえば、地域の店は二度と⑱できないと考えた方がよい。家計だけを考えれば、少しでも⑲安く良いものをと⑳大型スーパーに足が向くかもしれないが、地域の店は治安を守るといった『社会インフラ』の側面もある」と話した。

その上で㉑、かつての地域の商店街と、移動販売車の存在は、ようは同じだと指摘する。「移動販売も商店街も存続することが高齢者のためだけでなく、自分の問題として、自覚すべきだ。せめて㉒何回かに1回は利用するなど維持することに意識を向けてほしい」。

⑦…という

⑯…とどまる

⑰…のではないか

⑱…にどと

⑲…すこしでも

⑳…と a

㉑…うえで a

㉒…せめて

3．本文の内容に合わせて、以下の空欄を埋めてください。

（1）Bさんは自治会の監事を_____いる。

（2）車の運転に不安を_____高齢者が多い。

（3）野菜などの食品は手に_____選びたいとだれでも思う。

（4）ネット通販は高齢者にはハードルが_____。

（5）「買い物弱者」の増加にどう_____したらいいだろうか。

（6）顧客が少なければ、移動販売は採算が＿＿＿＿＿＿＿＿＿＿。

（7）移動販売は販売経費が＿＿＿＿＿＿＿＿＿＿ので、価格が高い。

（8）地域の店はその地域の治安を＿＿＿＿＿＿＿＿＿＿という側面もある。

II 話す練習 （この文章の内容について、次の質問に答えてください。）

1．Aさんは、移動販売車が来るようになる前は、買い物はどうしていましたか。
　　キーワード　2キロ、スーパー // 坂道、つえ、タクシー

2．Bさんは、昔の緑ケ丘の生活について、どう話していますか。
　　キーワード　車、大きなスーパー // 地域のスーパー、間に合わせ

3．虎ノ門ヒルズ近くのマンションに住む女性は、昔と今の生活について、どう話していますか。
　　キーワード　昔、商店 // 今、ビル、スーパー、年寄り

4．港区の担当者は、出張販売の意義について、どう説明していますか。
　　キーワード　野菜など、手に取る // 会話、引きこもり

5．移動販売にはどのような問題がありますか。また、地方と都市部ではどのような違いがあるとCさんは述べていますか。
　　キーワード　採算、一つの停車場所、7人 // 地方、移動販売、生活、高齢者以外、積極的 // 都市部、高齢者の一部、スーパー、価格、品数

6．杉田教授は、この問題について、どのように述べていますか。
　　キーワード　地域の店、治安、「社会インフラ」// 地域の商店街、移動販売車、存続、自分の問題

7．あなたの国にも「買い物弱者」がいますか。いるとしたら、それにどのように対応していますか。この文章について、あなたはどのような感想・意見を持ちましたか。

Ⅲ 書く練習

1．Ⅰの2の「ほどb」「まにあわせる」「もしない」「わりに」「いく」「にどと」「すこしでも」「せめて」を使って、それぞれ一つずつ文を作ってください。

2．この文章について、あなたの国の状況にも触れながら、感想・意見を800字〜1,200字で書いてください。

8. 離れて暮らす親の見守り

　高齢社会白書によると、65歳以上の高齢者が総人口に占める割合は26.7％（昨年[*1]10月1日現在）。高齢者のいる世帯のうち「1人暮らし」と「夫婦のみ」を合わせた比率が5割を超え、全国で約1,300万世帯となっている。離れて暮らす親の体調の変化や日常生活におけるトラブル、自然災害の状況などを把握し、安否を確かめる「見守り」は、誰にとっても人ごとではない時代だ。

　ひとことで「見守り」といっても、その担い手や方法はいくつかある。例えば東京都は、高齢者を見守る仕組みを①地域住民や民間業者による見守り②民生委員[*2]やボランティアなど決まった担当者が行う見守り③地域包括支援センター[*3]など専門機関による定期的な見守り——に分類、相互に組み合わせることが必要としている。

　最近、特に目立っているのがさまざまな民間業者の見守りサービスへの参入だ。日常生活に不可欠なライフラインや機器などと、各種のセンサーや通信システムを連動させることで、迅速な安否確認を可能にしようというのだ。

　例えば東京ガス[*4]。日々のガス利用状況を、離れて暮らす家族に電子メールで通知するサービスを提供している。ガスの使われ方から入浴、食事などの生活パターンを把握し、変化が起きていないかの確認に役立てる仕組みだ。電気についても、さまざまな民間事業者がインターネットを通じて消費電力をモニターできるようにするサービスを始めており、高齢者の見守りに活用されている。

　このほか、トイレや冷蔵庫に取り付けたセンサーで使用状況を検知したり、電気ポットに無線通信機を内蔵して未使用時間や給湯時刻などを定期的に電子メールで知らせてくれたりする製品もある。

一方、警備保障会社は見守りサービスに緊急時の対応を組み合わせることで差別化を打ち出している。オンラインセキュリティーシステム*5大手のセコム*6（東京）は、高齢者が携帯するペンダント型の専用端末を使ったサービスを2013年に始めた。端末のストラップを引っ張ると、同社のコントロールセンター*7に通報される仕組みで、通話機能を使ってオペレーターと会話もでき、状況によっては係員が出動する。ＧＰＳ（全地球測位システム）と連動しているため外出時も場所の特定が容易で、救急車の手配や家族からの所在地確認などに利用できる。

　セコムは1980年代初めにホームセキュリティーサービス*8に参入。押し売りや強盗を想定した「非常通報ボタン」を急病時にも利用する契約者が多かったことが事業のヒントになったという。

　同社の担当者は「最近は、親のために導入を考えているという中高年世代からの問い合わせが増えており、定期的に係員が訪問して生活状況を確かめ、離れて暮らす家族に知らせるサービスも提供している」と話す。

　大手スーパーのイオン*9は今月から、千葉市花見川区の一部地域で移動販売車の運行を始めた。サービス初日の17日には、地域を管轄する千葉北署*10との間で地域安全に関する協定を締結、高齢者見守りとも連動する予定だ。

　同社の移動販売車は従来、東日本大震災*11などの被災地や山間部に限られており、都市部での運行は全国で初めて。日曜日を除く毎日午前10時から午後5時まで、地域内の6カ所で停車し、生鮮食料品や日用品などを販売する。運行地域は鉄道・バスなどの便がよくないエリアで、高齢者も多く買い物支援のニーズが高かった。

　鈴木昇・千葉北署長は「管内の大規模団地は1人暮らしのお年寄りが多く、家族から『連絡が取れない』と問い合わせが入ることもよくある。移動販売車が入って日常的に声をかけてもらえれば、見守りの新たな力になる」と期待する。

イオンの担当者は「いつも同じ場所に来る客が突然来なくなるなど、何らかのトラブルを早い段階で察知することもあり得る。警察や行政とどんな連携ができるかを検討し、地域の見守りの面でも社会貢献していきたい。高齢者によい暮らしと安心を提供したい」と話し、具体的な対応については運用の中で探りたいとしている。

政府は「介護離職ゼロ*12」を掲げ特別養護老人ホーム*13などの施設整備を進める方針だが、一方で高齢社会白書によれば、お年寄りの8割が「体が弱っても自宅にとどまりたい」との意向を持ち、半数以上が「自宅で最期を迎えたい」と考えている。

高齢者が晩年を地域で安心して暮らすには、民間事業を通じた見守りだけでなく、専門的な機関を利用することも大きな力になる。「地域包括支援センター」は介護に関わるサービスの紹介や手続きについての支援に加え、地域の見守りの窓口にもなっている。自治体の高齢者福祉を担当する課に問い合わせれば、紹介してもらえる。

高齢社会白書には、お年寄りの約6割が「若い世代との交流に参加したい」と考えているとのデータも紹介されている。親の見守りはもちろん、自分の住む地域でお年寄りとさまざまな機会にコミュニケーションを図ることは、高齢者全体にとって住みやすい社会の構築につながる。

「見守りサービスも有効だが、週に1回程度は家族が直接電話を」と話すのは、『高齢者医療と福祉』などの著作がある医師、岡本祐三さん。「いつも家族が気にかけてくれていると実感することが、高齢者の心身の健康にプラスに働く」からだ。

最新技術の活用に加え、家族のコミュニケーションや地域の支えなど、さまざまな形で高齢者を見守る社会を築きたい。

（2016年11月24日付『毎日新聞』夕刊）

注 ＊1　2015年。
　　＊2　その地域の高齢者や生活に困っている人などの相談に乗り援助をする人。都道府県知事等の推薦により厚生労働大臣が委嘱する。
　　＊3　その地域の高齢者やその家族の生活をいろいろな面から総合的に支援する機関。各自治体（市町村等）が設置。
　　＊4　企業名。
　　＊5　（online security system）
　　＊6　企業名。（SECOM）
　　＊7　（control center）
　　＊8　（home security service）
　　＊9　企業名。（AEON）
　＊10　「千葉北警察署」の略。
　＊11　2011年3月11日に東日本で起こった大震災。東北地方太平洋沖で大地震（マグニチュード9.0）が発生し、それに伴って大津波が東北地方と関東地方の太平洋沿岸部を襲った。死者・行方不明者は約20,000人。また、この地震と津波により東京電力福島第一原子力発電所が事故を起こし、大量の放射性物質が放出された。
　＊12　親などの介護のために離職する人をなくすこと（仕事との両立が困難と考え離職する人が少なくない）。
　＊13　自治体（市町村など）や社会福祉法人が運営する介護施設。身体的・精神的障害があるために常時介護が必要で自宅ではそれが困難な高齢者が入所できる。

I　漢字の読み方と語句の使い方

1．本文の漢字の読み方を下記で確認してください。

2．下線のある語句の意味と使い方を巻末の「語句の用例」で確認してください。

離れて暮らす親の見守り

　　高齢社会白書によると①、65歳以上の高齢者が総人口に占める②割合は26.7％（昨年10月1日現在）。高齢者のいる世帯の

①…によると
②…しめる

うち「1人暮らし」と「夫婦のみ」を合わせた比率が5割を超え、全国で約1,300万世帯となっている。離れて暮らす親の体調の変化や日常生活における③トラブル、自然災害の状況などを把握し、安否を確かめる「見守り」は、誰にとっても④人ごとではない時代だ。

　ひとことで「見守り」といっても⑤、その担い手や方法はいくつかある。例えば東京都は、高齢者を見守る仕組みを①地域住民や民間業者による⑥見守り②民生委員やボランティアなど決まった担当者が行う見守り③地域包括支援センターなど専門機関による⑥定期的な見守り——に分類、相互に組み合わせることが必要としている⑦。

　最近、特に目立っているのがさまざまな民間業者の見守りサービスへの参入だ。日常生活に不可欠な⑧ライフラインや機器などと、各種のセンサーや通信システムを連動させることで、迅速な安否確認を可能にしようというのだ。

　例えば東京ガス。日々のガス利用状況を、離れて暮らす家族に電子メールで通知するサービスを提供している。ガスの使われ方から入浴、食事などの生活パターンを把握し、変化が起きていないかの確認に役立てる仕組みだ。電気についても、さまざまな民間事業者がインターネットを通じて消費電力をモニターできるようにするサービスを始めており⑨、高齢者の見守りに活用されている。

　このほか⑩、トイレや冷蔵庫に取り付けたセンサーで使用状況を検知したり、電気ポットに無線通信機を内蔵して未使用時間や給湯時刻などを定期的に電子メールで知らせてくれたりする製品もある。

　一方⑪、警備保障会社は見守りサービスに緊急時の対応を組み合わせることで差別化を打ち出している⑫。オンラインセキュ

③…における
④…にとって
⑤…といっても
⑥…よるa
⑥…よるa
⑦…する
⑧…ふかけつ
⑨…ており
⑩…ほか
⑪…いっぽう
⑫…うちだす

8．離れて暮らす親の見守り | 73

リティーシステム大手のセコム（東京）は、高齢者が携帯するペンダント型の専用端末を使ったサービスを2013年に始めた。端末のストラップを引っ張ると、同社のコントロールセンターに通報される仕組みで、通話機能を使ってオペレーターと会話もでき、状況によっては⑬係員が出動する。GPS（全地球測位システム）と連動しているため外出時も場所の特定が容易で、救急車の手配や家族からの所在地確認などに利用できる。

⑬…よるc

セコムは1980年代初めにホームセキュリティーサービスに参入。押し売りや強盗を想定した「非常通報ボタン」を急病時にも利用する契約者が多かったことが事業のヒントになったという⑭。

⑭…という

同社の担当者は「最近は、親のために導入を考えているという中高年世代からの問い合わせが増えており⑨、定期的に係員が訪問して生活状況を確かめ、離れて暮らす家族に知らせるサービスも提供している」と話す。

⑨…ており

大手スーパーのイオンは今月から、千葉市花見川区の一部地域で移動販売車の運行を始めた。サービス初日の17日には、地域を管轄する千葉北署との間で地域安全に関する⑮協定を締結、高齢者見守りとも連動する予定だ。

⑮…かんする

同社の移動販売車は従来、東日本大震災などの被災地や山間部に限られ⑯ており⑨、都市部での運行は全国で初めて。日曜日を除く毎日午前10時から午後5時まで、地域内の6カ所で停車し、生鮮食料品や日用品などを販売する。運行地域は鉄道・バスなどの便がよくないエリアで、高齢者も多く買い物支援のニーズが高かった。

⑯…かぎる
⑨…ており

鈴木昇・千葉北署長は「管内の大規模団地は1人暮らしのお年寄りが多く、家族から『連絡が取れない』と問い合わせが入ることもよくある。移動販売車が入って日常的に声をかけてもらえれば、見守りの新たな力になる」と期待する。

イオンの担当者は「いつも同じ場所に来る客が突然来なくなるなど、何らかのトラブルを早い段階で察知することもあり得る⑰。警察や行政とどんな連携ができるかを検討し、地域の見守りの面でも社会貢献していきたい。高齢者によい暮らしと安心を提供したい」と話し、具体的な対応については運用の中で探り⑱たいとしている⑦。

　政府は「介護離職ゼロ」を掲げ特別養護老人ホームなどの施設整備を進める方針だが、一方で⑪高齢社会白書によれば⑲、お年寄りの8割が「体が弱っても自宅にとどまりたい」との⑳意向を持ち、半数以上が「自宅で最期を迎えたい」と考えている。

　高齢者が晩年を地域で安心して暮らすには㉑、民間事業を通じた見守りだけでなく、専門的な機関を利用することも大きな力になる。「地域包括支援センター」は介護に関わる㉒サービスの紹介や手続きについての支援に加え㉓、地域の見守りの窓口にもなっている㉔。自治体の高齢者福祉を担当する課に問い合わせれば、紹介してもらえる。

　高齢社会白書には、お年寄りの約6割が「若い世代との交流に参加したい」と考えているとの⑳データも紹介されている。親の見守りはもちろん㉕、自分の住む地域でお年寄りとさまざまな機会にコミュニケーションを図ることは、高齢者全体にとって④住みやすい社会の構築につながる㉖。

　「見守りサービスも有効だが、週に1回程度は家族が直接電話を」と話すのは、『高齢者医療と福祉』などの著作がある医師、岡本祐三さん。「いつも家族が気にかけてくれていると実感することが、高齢者の心身の健康にプラスに働く」からだ。

　最新技術の活用に加え㉓、家族のコミュニケーションや地域の支えなど、さまざまな形で高齢者を見守る社会を築きたい。

⑰…うる
⑱…さぐる
⑦…する

⑪…いっぽう
⑲…によれば
⑳…との

㉑…には
㉒…かかわるa
㉓…くわえる
㉔…なっている

⑳…との
㉕…もちろん
④…にとって
㉖…つながる

㉓…くわえる

8．離れて暮らす親の見守り

3．本文の内容に合わせて、以下の空欄を埋めてください。
(1) 東京ガスは高齢者のガスの利用状況を遠くの家族に知らせるサービスを＿＿＿＿＿＿＿＿＿＿いる。
(2) イオンは千葉北署との間で協定を＿＿＿＿＿＿＿＿＿＿た。
(3) 離れて暮らす親と連絡が＿＿＿＿＿＿＿＿＿＿と、家族は心配する。
(4) 団地に移動販売車が入れば、高齢者に日常的に声を＿＿＿＿＿＿＿＿＿＿機会が増える。
(5) 政府は「介護離職ゼロ」というスローガンを＿＿＿＿＿＿＿＿＿＿いる。
(6) 「自宅で最期を＿＿＿＿＿＿＿＿＿＿たい」と考えている高齢者が多い。
(7) 民間会社による見守りだけでなく、専門的な機関の援助を受けることも大きな力に＿＿＿＿＿＿＿＿＿＿。
(8) 地域でいろいろな機会にお年寄りとコミュニケーションを＿＿＿＿＿＿＿＿＿＿必要がある。

Ⅱ　話す練習（この文章の内容について、次の質問に答えてください。）

1．離れて暮らす親の見守りが「人ごとではない時代だ」と述べていますが、どうしてですか。
　　🔑 キーワード　65歳以上の高齢者、26.7％、「1人暮らし」と「夫婦のみ」、5割

2．最近、さまざまな民間業者が見守りサービスに参入していると述べていますが、具体的には、どのようなサービスをしていますか。
　　🔑 キーワード　ガス、利用状況、家族、電子メール∥電気、インターネット、消費電力、モニター∥トイレ、冷蔵庫、センサー、使用状況∥電気ポット、無線通信機、未使用時間・給湯時刻、電子メール

3．セコムはどのようなサービスを行っていますか。
　　🔑 キーワード　高齢者、ペンダント型専用端末、ストラップ、コントロールセンター、オペレーター、会話、係員、出動∥定期的、係員、訪問、生活状況、家族

4．イオンは千葉市花見川区でどのようなサービスを始めましたか。
　　🗝 キーワード　移動販売車、生鮮食料品、日用品 // 警察、協定、日常的、見守り

5．高齢者が地域で安心して暮らすには、民間業者による見守りのほかに、どのようなことが大切だと筆者や岡本医師は述べていますか。
　　🗝 キーワード　専門的な機関、「地域包括支援センター」// 自分の住む地域、さまざまな機会、コミュニケーション // 家族、電話、心身の健康

6．あなたの国では、「離れて暮らす親の見守り」はどのように行われていますか。この文章について、あなたはどのような感想・意見を持ちましたか。

III　書く練習

1．Iの2の「しめる」「における」「といっても」「ふかけつ」「うちだす」「よるc」「もちろん」「つながる」を使って、それぞれ一つずつ文を作ってください。

2．この文章について、あなたの国の状況にも触れながら、感想・意見を800字〜1,200字で書いてください。

9. ノーマライゼーションの地域をつくる

誰もが安心して住める地域

　ノーマライゼーション*1 とは本来、障害者が障害を持たない市民と対等・平等に存在しうるノーマルな社会、あるいは障害者にできるだけノーマルに近い生活を提供しうる社会を目指す考え方、理念を指しています。高齢者も子供も、男性も女性も、障害者も健常者*2 も、あるいは在日外国人も、ともに安全で安心な生活を享受しうる社会こそ、ノーマライゼーションが実現している社会といえましょう。そうした社会が実現している地域は住みやすいし、また持続可能な地域ともいえます。

　しかし、地方の農山漁村*3 ばかりか大都市においてもいま、そうした地域が少なくなってきています。どこへ行っても高齢者が目立つし、若者たちは男女とも独りで暮らしているし、子供の姿はなかなか見ることができない。過疎化と高齢化が進む農山漁村を除けば、高齢化が進むばかりの大都市圏の団地などは、その典型的な例といっていいでしょう。ここは高齢者にとって住みにくいし、子供にとっても過ごしにくく、持続不可能な地域と化し*4 つつあります。いずれ人々による共同社会ではなくなります。そうしたなかで私が関心を抱きつづけているのが、ノーマライゼーションの実現に向けて、さまざまな施策を実施して、市民の支持を広げている東京の武蔵野市*5 です。

武蔵野市のムーバス、レモンキャブ

　武蔵野市は23特別区*6 に隣接する人口約13万人、広さが東西6キロ余、南北3キロという小さな市です。そのような小さな市ながらも、古くは革新市政で全国的に知られ、近年は若者で賑わうまち「ジョージ」（JR*7 駅の「吉祥寺」の略）として注目され、さらには先進的な福祉

施策を展開している地域としても知られています。

　ここで触れたいのはもちろん、後者に関わるノーマライゼーション実現のための施策のいくつかです。それらのなかで主なものがムーバス、レモンキャブ、子育て支援施設０１２３(ゼロイチ ニ サン)、セカンドスクールといっていいでしょう。これらの施策を見れば、かりに東京都内で住みたい地域を選ぶとしたらと問われたとき、たとえ市民税[*8]が少々高くても武蔵野市がよさそうだとなるはずです。

　ムーバスとは、路線バス網から遠く離れ、しかも道路が狭い住宅街と駅周辺の間を、全長約7メートルのマイクロバスを一般乗合コミュニティバスとして、市が主に高齢者のために1回100円の運賃で提供しているものです。実際にバスを走らせているのはバス会社ですが、1995年11月に運行を開始し、現在、市内のJR吉祥寺、三鷹、武蔵境の3駅を拠点に5路線（2007年3月からは7路線）があります。バス会社によれば1日当たり約5,000人の足として活用されているということです。このバスの愛称がムーバスというわけです。

　市が利用者を対象に行ったアンケート調査によると、このコミュニティバスが走り出したことにより、80歳以上の高齢者の70％、65－79歳では53％が外出回数が増えたといいます。つまり高齢者に気軽な外出を促しているといえます。高齢者はこのバスに乗れば、100円で若者で賑わう駅周辺まで出かけられるわけで、これはまさにノーマライゼーションを促している仕掛けといえます。

　レモンキャブ[*9]もバスやタクシーを利用しにくい高齢者や障害者の外出を支援するためのものです。福祉車両を使って、利用者を自宅から目的地まで運ぶドア・ツー・ドア[*10]の移送サービスです。料金は30分まで800円、介護保険の認定[*11]を受けていなくても利用でき、利用回数の制限もない。

　市は車両購入、駐車場費、保険料などを負担、武蔵野市福祉公社[*12]

が市から委託を受けて運営していますが、クルマの管理やドライバーはすべてボランティアが担う住民主体型の事業となっています。2005年の時点でボランティアのメンバーは37人、市内の商店主や主婦などが多く、休日や仕事の休憩時間に参加しているということです。運行管理者とドライバーを7つの地域に分けて配置しており、利用者とこれを支えるボランティアは同じ地域の人々となっています。このように効率と親切を両立させた事業としているところが特徴です。年間の利用者は13,000件以上におよぶとのことです。つまり1日当たり35件以上の利用があるということで、それだけの市民の需要に応えていることになります。

武蔵野市の子育て支援策

子育て支援施設０１２３は、文字通り0歳から3歳までの幼児とその親を対象に、さまざまな遊具のあるプレイルーム[*13]や2,000冊前後の絵本を揃えて、いつでも立ち寄れるように開設された施設です。第1号は92年にオープンした「０１２３吉祥寺」、第2号が2002年開館の「０１２３はらっぱ」でした。開館時間は金曜、土曜日を除く午前9時から午後4時までとなっており、利用料は無料です。なぜ、武蔵野市でこうした子育て支援施設が設けられることになったのか。

それは次のように考えられます。すなわち、どの地域でも同様の事情にあるのですが、集合住宅[*14]が増加するのに伴い、自宅で子供が伸び伸び遊べる空間も環境も少なくなってきていて、子供同士がともに遊ぶこともなくなっています。一方、親のほうは核家族化が進行した結果として、子育てに困ったときに相談する相手が身近にいません。夫は多忙で、子育て中の母親は孤立しがちです。この子供と母親の双方が相手を求められる場として、こういう施設が設けられたと市は説明しています。2つの施設とも、幼稚園教諭や保育士などの資格をもつスタッフが常駐し

ていて、1日約10組の母子が来園しているということです。

　セカンドスクールは、武蔵野市の小学校5年生全員がそれぞれのプログラムに沿って毎年7―10日間、長野県飯山市などで行っている総合学習合宿のことを指しています。12校ある小学校のうち7小学校が民宿を宿泊先にして、森や川を舞台に、自然とともに、子供同士、民宿や近隣の人々と相互の濃密な人間関係を築くのを目的としているということです。この費用は保護者が12,000円から18,000円を負担し、市が1人当たり約70,000円を支出してまかなっているといいます。

　これらの施策を見ると、高齢者や子供などの生活や成長を近隣コミュニティで支えるべき分野（それは少子化対策でもある）に、市が積極的に参加し、公的役割を果たそうとしていることが読み取れます。それもキメ細かな施策であることがわかります。

（本間義人『地域再生の条件』岩波新書 2007）

注　＊1　（normalization）
　　＊2　障害を持たない人。
　　＊3　農村、山村、漁村の総称。
　　＊4　…となる。…と変わる。
　　＊5　「東京都内にある武蔵野市」の意味。
　　＊6　東京都の区（千代田区、文京区、世田谷区など、23ある）。市とほぼ同等の地方公共団体。
　　＊7　鉄道会社名（総称）。Japan Railways の頭文字。
　　＊8　市（この場合、武蔵野市）がその住民に課す税金。
　　＊9　サービスの名前。
　　＊10　（door to door）
　　＊11　介護保険による支援が必要な身体状態であるという認定。
　　＊12　地方自治体が行う福祉事業を補うために設立された団体。
　　＊13　（play room）
　　＊14　アパートやマンションのように、複数の世帯が住んでいる住宅。

I 漢字の読み方と語句の使い方

1．本文の漢字の読み方を下記で確認してください。

2．下線のある語句の意味と使い方を巻末の「語句の用例」で確認してください。

ノーマライゼーションの地域(ちいき)をつくる

誰(だれ)もが安心(あんしん)して住(す)める地域(ちいき)

　ノーマライゼーションとは①本来(ほんらい)②、障害者(しょうがいしゃ)が障害(しょうがい)を持(も)たない市民(しみん)と対等(たいとう)・平等(びょうどう)に存在(そんざい)しうる③ノーマルな社会(しゃかい)、あるいは障害者(しょうがいしゃ)にできるだけ④ノーマルに近(ちか)い生活(せいかつ)を提供(ていきょう)しうる③社会(しゃかい)を目指(めざ)す考(かんが)え方(かた)、理念(りねん)を指(さ)しています。高齢者(こうれいしゃ)も子供(こども)も、男性(だんせい)も女性(じょせい)も、障害者(しょうがいしゃ)も健常者(けんじょうしゃ)も、あるいは在日外国人(ざいにちがいこくじん)も、ともに安全(あんぜん)で安心(あんしん)な生活(せいかつ)を享受(きょうじゅ)しうる③社会(しゃかい)こそ⑤、ノーマライゼーションが実現(じつげん)している社会(しゃかい)といえましょう⑥。そうした社会(しゃかい)が実現(じつげん)している地域(ちいき)は住(す)みやすいし、また持続可能(じぞくかのう)な地域(ちいき)ともいえます。

　しかし、地方(ちほう)の農山漁村(のうさんぎょそん)ばかりか⑦大都市(だいとし)においても⑧いま、そうした地域(ちいき)が少(すく)なくなってきています。どこへ行(い)っても高齢者(こうれいしゃ)が目立(めだ)つし、若者(わかもの)たちは男女(だんじょ)とも独(ひと)りで暮(く)らしているし、子供(こども)の姿(すがた)はなかなか見(み)ることができない。過疎化(かそか)と高齢化(こうれいか)が進(すす)む農山漁村(のうさんぎょそん)を除(のぞ)けば、高齢化(こうれいか)が進(すす)むばかりの⑨大都市圏(だいとしけん)の団地(だんち)などは、その典型的(てんけいてき)な例(れい)といっていいでしょう。ここは高齢者(こうれいしゃ)にとって⑩住(す)みにくいし、子供(こども)にとっても⑩過(す)ごしにくく、持続不可能(じぞくふかのう)な地域(いき)と化(か)し⑪つつあります⑫。いずれ人々(ひとびと)による⑬共同社会(きょうどうしゃかい)ではなくなります。そうしたなかで私(わたくし)が関心(かんしん)を抱(いだ)きつづけているのが、ノーマライゼーションの実現(じつげん)に向(む)けて、さまざまな施策(しさく)を実施(じっし)して、市民(しみん)の支持(しじ)を広(ひろ)げている東京(とうきょう)の武蔵野市(むさしのし)です。

①…とはa	
②…ほんらい	
③…うる	
④…だけ	
③…うる	
③…うる	
⑤…こそ	
⑥…ましょう	
⑦…ばかりか	
⑧…において	
⑨…ばかりb	
⑩…にとって	
⑩…にとって	
⑪…かす	
⑫…つつある	
⑬…よるa	

武蔵野市のムーバス、レモンキャブ

　武蔵野市は23特別区に隣接する人口約13万人、広さが東西6キロ余、南北3キロという小さな市です。そのような小さな市ながらも⑭、古くは革新市政で全国的に知られ、近年は若者で賑わうまち「ジョージ」（JR駅の「吉祥寺」の略）として注目され、さらには先進的な福祉施策を展開している地域としても知られています。

　ここで触れたいのはもちろん、後者に関わる⑮ノーマライゼーション実現のための施策のいくつかです。それらのなかで主なものがムーバス、レモンキャブ、子育て支援施設０１２３、セカンドスクールといっていいでしょう。これらの施策を見れば、かりに⑯東京都内で住みたい地域を選ぶとしたら⑰と問われた⑱とき、たとえ⑲市民税が少々高くても武蔵野市がよさそうだとなるはずです。

　ムーバスとは①、路線バス網から遠く離れ、しかも⑳道路が狭い住宅街と駅周辺の間を、全長約7メートルのマイクロバスを一般乗合コミュニティバスとして、市が主に高齢者のために1回100円の運賃で提供しているものです。実際にバスを走らせているのはバス会社ですが、1995年11月に運行を開始し、現在、市内のJR吉祥寺、三鷹、武蔵境の3駅を拠点に5路線（2007年3月からは7路線）があります。バス会社によれば㉑1日当たり約5,000人の足として活用されているということです㉒。このバスの愛称がムーバスというわけです。

　市が利用者を対象に行ったアンケート調査によると㉓、このコミュニティバスが走り出したことにより㉔、80歳以上の高齢者の70％、65―79歳では53％が外出回数が増えたといいます㉕。つまり高齢者に気軽な外出を促しているといえます。高齢者はこのバスに乗れば、100円で若者で賑わう駅周辺まで出かけられるわけで、これはまさにノーマライゼーションを促

⑭…ながら
⑮…かかわるa

⑯…かりに
⑰…する
⑱…とう
⑲…たとえ

①…とはa
⑳…しかも

㉑…によれば
㉒…ということだ

㉓…によると
㉔…よるb
㉕…という

している仕掛けといえます。

　レモンキャブもバスやタクシーを利用しにくい高齢者や障害者の外出を支援するためのものです。福祉車両を使って、利用者を自宅から目的地まで運ぶドア・ツー・ドアの移送サービスです。料金は30分まで800円、介護保険の認定を受けていなくても利用でき、利用回数の制限もない。

　市は車両購入、駐車場費、保険料などを負担、武蔵野市福祉公社が市から委託を受けて運営していますが、クルマの管理やドライバーはすべてボランティアが担う住民主体型の事業となっています㉖。2005年の時点でボランティアのメンバーは37人、市内の商店主や主婦などが多く、休日や仕事の休憩時間に参加しているということです㉒。運行管理者とドライバーを7つの地域に分けて配置しており㉗、利用者とこれを支えるボランティアは同じ地域の人々となっています㉖。このように効率と親切を両立させた事業としているところが特徴です。年間の利用者は13,000件以上におよぶ㉘とのことです㉙。つまり1日当たり35件以上の利用があるということで、それだけの④市民の需要に応えていることになります㉚。

㉖…なっている

㉒…ということだ

㉗…ており
㉖…なっている

㉘…およぶ
㉙…とのことだ
④…だけ
㉚…ことになる

武蔵野市の子育て支援策

　子育て支援施設０１２３は、文字通り㉛０歳から３歳までの幼児とその親を対象に、さまざまな遊具のあるプレイルームや2,000冊前後の絵本を揃えて㉜、いつでも立ち寄れるように開設された施設です。第１号は92年にオープンした「０１２３吉祥寺」、第２号が2002年開館の「０１２３はらっぱ」でした。開館時間は金曜、土曜日を除く午前９時から午後４時までとなって㉖おり㉗、利用料は無料です。なぜ、武蔵野市でこうした子育て支援施設が設けられることになったのか。

　それは次のように考えられます。すなわち、どの地域でも同

㉛…とおり

㉜…そろえる

㉖…なっている
㉗…ており

様の事情にあるのですが、集合住宅が増加するのに伴い、自宅で子供が伸び伸び遊べる空間も環境も少なくなってきていて、子供同士がともに遊ぶこともなくなっています。一方、親のほうは核家族化が進行した結果として、子育てに困ったときに相談する相手が身近にいません。夫は多忙で、子育て中の母親は孤立しがちです。この子供と母親の双方が相手を求められる場として、こういう施設が設けられたと市は説明しています。2つの施設とも、幼稚園教諭や保育士などの資格をもつスタッフが常駐していて、1日約10組の母子が来園しているということです。

セカンドスクールは、武蔵野市の小学校5年生全員がそれぞれのプログラムに沿って毎年7—10日間、長野県飯山市などで行っている総合学習合宿のことを指しています。12校ある小学校のうち7小学校が民宿を宿泊先にして、森や川を舞台に、自然とともに、子供同士、民宿や近隣の人々と相互の濃密な人間関係を築くのを目的としているということです。この費用は保護者が12,000円から18,000円を負担し、市が1人当たり約70,000円を支出してまかなっているといいます。

これらの施策を見ると、高齢者や子供などの生活や成長を近隣コミュニティで支えるべき分野（それは少子化対策でもある）に、市が積極的に参加し、公的役割を果たそうとしていることが読み取れます。それもキメ細かな施策であることがわかります。

㉝…ともなう
㉞…いっぽう
㉟…がち
㉒…ということだ
㉒…ということだ
㊱…まかなう
㉕…という
㊲…それも

3．本文の内容に合わせて、以下の空欄を埋めてください。

（1）農村や山村や漁村では過疎化と高齢化が＿＿＿＿＿＿＿＿＿いる。

（2）武蔵野市は若者で＿＿＿＿＿＿＿＿＿町として注目されている。

（3）ムーバスは、1日当たり5,000人の足として＿＿＿＿＿＿＿＿＿いる。

（4）レモンキャブは介護保険の認定を＿＿＿＿＿＿＿ても利用できる。

（5）レモンキャブは福祉公社が市から委託を＿＿＿＿＿＿＿て運営している。

（6）武蔵野市には子育て支援施設が＿＿＿＿＿＿＿いる。

（7）セカンドスクールは、人々と濃密な人間関係を＿＿＿＿＿＿＿のが目的である。

（8）武蔵野市は公的役割を＿＿＿＿＿＿＿そうとしている。

II　話す練習（この文章の内容について、次の質問に答えてください。）

1．「ノーマライゼーションが実現している社会」とはどのような社会だと筆者は述べていますか。

　　🗝 キーワード　高齢者・子ども、男性・女性、障害者・健常者、外国人、安全・安心

2．ムーバスというのはどんなものですか。また、それによりどんな効果がありましたか。

　　🗝 キーワード　住宅街、駅周辺、マイクロバス、高齢者、100円 // 高齢者、外出回数

3．レモンキャブというのはどんなサービスですか。また、どのように運営されていますか。

　　🗝 キーワード　高齢者・障害者、外出 // 福祉車両、自宅、目的地 // 車の管理、ドライバー、ボランティア

4．子育て支援施設というのはどんな施設ですか。また、そのような施設が設けられることになったのはなぜですか。

　　🗝 キーワード　0～3歳の幼児、その親 // プレイルーム、絵本、無料、スタッフ // 集合住宅、遊べる空間・環境 // 核家族化、子育て、相談、孤立

5．セカンドスクールというのは何ですか。

    キーワード　小学校5年生全員、毎年7〜10日間、長野県飯山市、総合学習合宿 // 民宿、自然、子ども同士、民宿・近隣の人々、人間関係

6．あなたの国でもこのような試みがありますか。あるとしたら、その状況を具体的に話してください。この文章について、あなたはどのような感想・意見を持ちましたか。

III　書く練習

1．Iの2の「ばかりか」「ばかりb」「かかわるa」「かりに」「たとえ」「しかも」「とのことだ」「そろえる」を使って、それぞれ一つずつ文を作ってください。

2．この文章について、あなたの国の状況にも触れながら、感想・意見を800字〜1,200字で書いてください。

10. 高齢社会は怖くない⁉

　人はいつから老いを感じるのだろう。鏡の顔に見慣れぬしわを発見した。白髪が増えた。小さな文字が見えにくい。酒が弱くなった。固有名詞が思い出せない。体の節々が痛い……。

　作家、有吉佐和子が「恍惚の人」[*1]を著したのは1972年。田中角栄内閣が発足し、日本は列島改造ブーム[*2]に沸いていた。そんな日本の一方で確実に進む高齢社会の現実は、社会に大きな衝撃を与えた。だが、75年の国勢調査によれば当時の65歳以上人口は約890万人、全人口に占める高齢者の割合は7.9％だった。

　2010年の国勢調査で、65歳以上人口は約3,000万人、高齢者の割合は23.1％になった。12年には団塊世代[*3]が65歳に達し始める。厚生労働省の試算によれば35年には国民の3人に1人が65歳以上だ。認知症[*4]を患う人は、02年の149万人から15年に250万人、25年には323万人にのぼるとの予測もある。

　年金、医療・介護などの社会保障費は毎年1兆円以上増えている。政府は先ごろ「税と社会保障の一体改革」を発表した。社会保障制度を超高齢社会に耐えられる、効率的で持続可能なものに改革することは待ったなし[*5]の政策課題だ。

　とはいえ高齢社会を悲観的にのみとらえていても展望は開けない。すでに4人に1人は65歳以上だ。高齢者が多くても一定の活力を維持し、互いに支え合い安心して老いていける社会をどう実現するのか。真剣に考えなければならない。

　参考になりそうなのは、東京大学高齢社会総合研究機構が千葉県柏市で行っている試みだ。柏市の豊四季台[*6]団地は1960年代に建てられ、住民の高齢化も著しい。建て替えの時期を迎えたのを機に、同研究機構

と市、都市再生機構（ＵＲ*7）が共同で長寿社会型のモデル地域に再生させようとしている。

　東京大学の秋山弘子特任教授によれば、高齢社会の課題は３つ。①健康で自立して生きられる期間の延長②心身が弱っても住み慣れたところで暮らせる環境整備③人と人とのつながりづくり——だ。「今の社会インフラ*8は若者が多かった時代にできている。人間が90〜100年生きるのにふさわしいものに変える必要がある」と強調する。

　まず取り組んでいるのが、セカンドライフ*9の就労だ。首都圏には都心で働き、地域*10には寝に帰るだけの男性が多い。定年を迎えても地域に知り合いはおらず、日がな一日テレビを見て暮らす。たまに出かけるのは図書館かスポーツジムくらい。そんな人も、かつて慣れ親しんだ働くことに従事すれば、生活を変える有力な手段になるという。

　豊四季台団地で始めようとしているのは休耕田*11や屋上を利用した農業、野菜などを売るファーマーズマーケット*12、食堂や配食サービス*13、子育て家庭を支援する学童保育*14、紙おむつのリサイクル工場などだ。働くのはお年寄りで、就業日や時間は自分の体力や都合に合わせて選べる。もちろん賃金も払われる。

　興味深いのはこうした事業に企業を巻き込もうとしていることだ。高齢社会のビジネスモデル*15づくりを促すことと経営の安定が狙いで、既に大和ハウス工業*16などが参加を表明している。雇用以外にも家族の増減に合わせて住み替えられる住宅、医療と介護を一体的に提供するネットワーク、高齢者が利用しやすい移動手段なども検討中だ。

　研究成果は被災地*17でも生かされている。岩手県釜石市の平田総合公園仮設住宅では住宅を向かい合わせにしてウッドデッキ*18でつなぎ、高齢者の交流を促している。医療・介護、福祉が１カ所で受けられるサポートセンター*19も少しずつ稼働し始めた。

　高齢者の健康は70歳代半ばから徐々に低下する。これをなるべく遅

らせ、高齢でも元気に暮らせれば、本人も幸せだし医療・介護の費用も減る。健康体操などの普及も必要だが、一番は生きがいをもつこと、外に出て人と交わることだろう。活動拠点は住まいのある地域がいい。

　日本の高齢者は就労意欲が高い。地域に高齢者の仕事をつくり働いてもらう。職場や仕事先で地域の人と顔を合わせる機会が増えれば、自然に知り合いも増えていく。仕事以外に活動の幅も広がるだろう。経験豊富な高齢者が子育てを応援してくれれば、若い世代も安心して子どもが産める。元気な高齢者が地域再生の起爆剤になることも期待できる。

　高齢者を"お荷物"ととらえるのでなく、経験や技能を持つ"資源"としてとらえる発想の転換が必要だ。そして、心身が衰え本当に医療や介護が必要になれば、胸をはってサービスを受けられる環境をつくりたい。

(岩田三代　2011年9月25日付『日本経済新聞』)

注　＊1　認知症(注4)の老人とその家族を描いた小説。
　　＊2　田中角栄の『日本列島改造論』の出版および田中内閣の発足を契機に起こった好景気。
　　＊3　1947年から1949年までに生まれた世代。その世代は一つの塊(かたまり)のように人口が多い。
　　＊4　正常だった知能が病的に低下した状態。
　　＊5　「待ってください」とは言えない。すぐやらなければならない。(相撲などの勝負でよく使われる表現)
　　＊6　地名。
　　＊7　都市再生機構(独立行政法人)の英語略称(Urban Renaissance Agency の略)
　　＊8　インフラストラクチャー(infrastructure)の略。
　　＊9　定年退職後の生活。(second life［和製英語］)
　　＊10　自宅のある地域(通常は郊外)。
　　＊11　耕作を行っていない田。
　　＊12　生産者が自分の作った農作物を直接消費者に販売する市場。(farmer's market)
　　＊13　高齢者、病弱者などに食事を配達するサービス。
　　＊14　保護者に代わって学童(小学生)の世話をすること。保護者が仕事などの都合

で昼間家にいない時間（小学校の放課後や長期の休日期間中）に、学童を集めて世話をする。
* 15　(business model)
* 16　企業名。
* 17　東日本大震災（p.72の注＊11）の被災地。
* 18　家の外側に作られ屋内の延長として使われる木製の床。(wood deck［和製英語］)
* 19　(support center)

I　漢字の読み方と語句の使い方

1．本文の漢字の読み方を下記で確認してください。

2．下線のある語句の意味と使い方を巻末の「語句の用例」で確認してください。

高齢社会は怖くない⁉

　人はいつから老いを感じるのだろう。鏡の顔に見慣れぬしわを発見した。白髪が増えた。小さな文字が見えにくい。酒が弱くなった。固有名詞が思い出せない。体の節々が痛い……。
　作家、有吉佐和子が「恍惚の人」を著したのは1972年。田中角栄内閣が発足し、日本は列島改造ブームに沸いていた。そんな日本の一方で①確実に進む高齢社会の現実は、社会に大きな衝撃を与えた。だが、75年の国勢調査によれば②当時の65歳以上人口は約890万人、全人口に占める③高齢者の割合は7.9％だった。
　2010年の国勢調査で、65歳以上人口は約3,000万人、高齢者の割合は23.1％になった。12年には団塊世代が65歳に達し始める。厚生労働省の試算によれば②35年には国民の3人に1人が65歳以上だ。認知症を患う人は、02年の149万人か

①…いっぽう
②…によれば
③…しめる

②…によれば

ら15年に250万人、25年には323万人にのぼるとの④予測もある。

　年金、医療・介護などの社会保障費は毎年1兆円以上増えている。政府は先ごろ「税と社会保障の一体改革」を発表した。社会保障制度を超高齢社会に耐えられる、効率的で持続可能なものに改革することは待ったなしの政策課題だ。

　とはいえ⑤高齢社会を悲観的にのみとらえていても展望は開けない。すでに4人に1人は65歳以上だ。高齢者が多くても一定の活力を維持し、互いに支え合い安心して老いていける社会をどう実現するのか。真剣に考えなければならない。

　参考になりそうなのは、東京大学高齢社会総合研究機構が千葉県柏市で行っている試みだ。柏市の豊四季台団地は1960年代に建てられ、住民の高齢化も著しい。建て替えの時期を迎えたのを機に⑥、同研究機構と市、都市再生機構（UR）が共同で長寿社会型のモデル地域に再生させようとしている。

　東京大学の秋山弘子特任教授によれば②、高齢社会の課題は3つ。①健康で自立して生きられる期間の延長②心身が弱っても住み慣れたところで暮らせる環境整備③人と人とのつながりづくり——だ。「今の社会インフラは若者が多かった時代にできている。人間が90～100年生きるのにふさわしいものに変える必要がある」と強調する。

　まず取り組んでいる⑦のが、セカンドライフの就労だ。首都圏には都心で働き、地域には寝に帰るだけの男性が多い。定年を迎えても地域に知り合いはおらず⑧、日がな一日テレビを見て暮らす。たまに⑨出かけるのは図書館かスポーツジムくらい。そんな人も、かつて慣れ親しんだ働くことに従事すれば、生活を変える有力な手段になるという⑩。

　豊四季台団地で始めようとしているのは休耕田や屋上を利用した農業、野菜などを売るファーマーズマーケット、食堂や配

④…との

⑤…とはいえ

⑥…きに

②…によれば

⑦…とりくむ

⑧…ず

⑨…たま

⑩…という

食サービス、子育て家庭を支援する学童保育、紙おむつのリサイクル工場などだ。働くのはお年寄りで、就業日や時間は自分の体力や都合に合わせて選べる。もちろん賃金も払われる。

興味深いのはこうした事業に企業を巻き込もう⑪としていることだ。高齢社会のビジネスモデルづくりを促すことと経営の安定が狙いで、既に大和ハウス工業などが参加を表明している。雇用以外にも家族の増減に合わせて住み替えられる住宅、医療と介護を一体的に提供するネットワーク、高齢者が利用しやすい移動手段なども検討中だ。

研究成果は被災地でも生かされている⑫。岩手県釜石市の平田総合公園仮設住宅では住宅を向かい合わせにしてウッドデッキでつなぎ、高齢者の交流を促している。医療・介護、福祉が1カ所で受けられるサポートセンターも少しずつ稼働し始めた。

高齢者の健康は70歳代半ばから徐々に低下する。これをなるべく遅らせ、高齢でも元気に暮らせれば、本人も幸せだし医療・介護の費用も減る。健康体操などの普及も必要だが、一番は生きがいをもつこと、外に出て人と交わることだろう。活動拠点は住まいのある地域がいい。

日本の高齢者は就労意欲が高い。地域に高齢者の仕事をつくり働いてもらう。職場や仕事先で地域の人と顔を合わせる機会が増えれば、自然に知り合いも増えていく。仕事以外に活動の幅も広がるだろう。経験豊富な高齢者が子育てを応援してくれれば、若い世代も安心して子どもが産める。元気な高齢者が地域再生の起爆剤になることも期待できる。

高齢者を"お荷物"ととらえるのでなく、経験や技能を持つ"資源"としてとらえる発想の転換が必要だ。そして、心身が衰え本当に医療や介護が必要になれば、胸をはってサービスを受けられる環境をつくりたい。

⑪…まきこむ

⑫…いかす

3．本文の内容に合わせて、以下の空欄を埋めてください。
　（1）1972 年に田中角栄内閣が＿＿＿＿＿＿＿＿た。
　（2）そのころ日本は列島改造ブームに＿＿＿＿＿＿＿＿いた。
　（3）高齢社会の現実は社会に大きな衝撃を＿＿＿＿＿＿＿＿た。
　（4）多くの高齢者が認知症を＿＿＿＿＿＿＿＿いる。
　（5）現在の社会保障制度は超高齢社会に＿＿＿＿＿＿＿＿ない。
　（6）男性の中には、定年を＿＿＿＿＿＿＿＿ても地域に知り合いがいない人が多い。
　（7）就業日や時間は自分の体力や都合に＿＿＿＿＿＿＿＿選べる。
　（8）高齢者を"資源"として＿＿＿＿＿＿＿＿ことが必要だ。

Ⅱ　**話す練習**（この文章の内容について、次の質問に答えてください。）

1．日本の高齢者の割合はどのように変化してきましたか。また、将来はどうなりますか。
　🔑 キーワード　1975 年、7.9％、2010 年、23.1％ // 2035 年、3 人に 1 人

2．それで、筆者はどうしなければならないと述べていますか。
　🔑 キーワード　高齢社会、悲観的 // 一定の活力、支え合う、安心

3．東京大学の秋山教授は、高齢社会の課題としてどんなことを挙げていますか。
　🔑 キーワード　健康、自立 // 住み慣れたところ // 人とのつながり

4．柏市の豊四季台団地ではどんなことを始めようとしていますか。それにはどんな特徴がありますか。
　🔑 キーワード　農業、ファーマーズマーケット、食堂や配食サービス、学童保育、リサイクル工場 // お年寄り、就業日・時間、企業

5．柏市での研究成果は被災地でも生かされていると言いますが、具体的にはどんな点ですか。
    🗝 キーワード　釜石市の仮設住宅、ウッドデッキ、交流 // 医療・介護・福祉、1か所

6．筆者は「元気な高齢者が地域再生の起爆剤になることも期待できる」と述べています。具体的にはどういうことですか。
    🗝 キーワード　仕事、知り合い、仕事以外の活動 // 子育て、応援、若い世代

7．この文章について、あなたはどのような感想・意見を持ちましたか。

Ⅲ　書く練習

1．Ⅰの2の「いっぽう」「とはいえ」「きに」「とりくむ」「ず」「たま」「という」「まきこむ」を使って、それぞれ一つずつ文を作ってください。

2．この文章について、あなたの国の状況にも触れながら、感想・意見を800字〜1,200字で書いてください。

III

教育

11. 学歴とは別のものさしで

　東日本大震災[*1]の後、各国から寄せられた日本人への励ましの言葉、賛辞は記憶に新しい。それは自制心や勇気、連帯の心、忍耐力など、私たちが持つ資質に改めて気づかせてくれたといってもいい。

　また、被災地で働くボランティアの姿に「若者もやるじゃないか[*2]」という思いを新たにした人も多いのではないか。教育が、こうした日本人をつくり上げる大きな役割を果たしてきたことは間違いないだろう。

ブランドが人の価値か

　しかし、震災からの復旧や復興、そして日本を勁い国に再生していくには長い時間がかかる。それぞれの場面でさまざまな個性、能力を持つ人が必要になる。これまでにもまして、学歴や学校歴だけではない多様なものさしで人を見る意識が、教育現場や家庭、企業も含めた社会全体に求められている。

　教育を論じるときによく挙げられるテーマがある。一つは、教育のコースが単線型になっていて、誰もが1本のレールに沿って進もうとしている、ということだ。

　最近の高校進学率は98％、大学・短大進学率も54％に達している。半世紀前は高校進学率が50％台で、4割の生徒が工業、商業などの職業科に進んだ。就職を見すえたからだ。

　しかし、いまは普通科高校に進む生徒が圧倒的に多い。その高校は偏差値でランク付けされ[*3]、なるべくいい高校からいい大学を目指す。それが「単線」の意味だ。高校にとって重要なのは、いかに「いい大学」に生徒を送り込むかであり、大学にとっては就職の実績が大切になる。そこには1つの価値観しかない。

もう一つ、学歴が親から子にバトンタッチされ世代を越えて格差が固定化する、という議論がある。有名大学を出れば就職先に恵まれ高収入を得る。そのお金が子の教育費に使われ、高学歴・高収入が次の世代に引き継がれていくという指摘だ。

　年収400万円以下の家庭の4年制大学進学率は31％なのに、1,000万円を超えると62％になるという調査もある。

　その結果広がっているのが「学歴信仰」であり、「ブランド教育志向」である。それは企業の採用活動にも見てとれる。社会全体の意識が学歴や有名校というブランドにとらわれ、一人ひとりを見るこまやかな目を失っていないだろうか。

　多様な人物を育てるためには、単線型でない教育、学歴が固定しない教育の仕組みを考える必要がある。

　高校教育ももっと多彩であっていい。三重県立相可高校では食物調理科の生徒が年間売り上げ約4,000万円のレストランを運営、その活動をモデルにしたテレビドラマもできた。

　石川県立七尾東雲高校は3年前に演劇科を開設し、全国から生徒を募集、地元の演劇堂*4で活動する仲代達矢さん主宰の無名塾*5の指導を受けている。地元企業や市民が「支援する会」をつくり、祭りなどに生徒を招いたり大道具を運ぶトラックを提供したりしているという。

　ほかにも、看護・介護や福祉、観光、地元の伝統産業など、特色ある教育をする高校は増えている。その流れをもっと太くし、将来の仕事に結びつく教育と、生徒や卒業生を積極的に応援する社会を育てたい。

　まだまだペーパーテスト*6重視の大学入試にも問題がある。小論文や面接・討論などで合格者を決めるＡＯ（アドミッション・オフィス*7）入試は年々広がっており、昨年春の入学者のうち、私立大は11％、国立大でも3％を占めている。

手間ひまかけた選抜を

　ただ、ＡＯ入試には少子化時代の学生の取り合いといった意味もあり、合格者の基礎学力不足も指摘されている。学力に加え、個性や多様な能力を見抜くためにはもっと入試に時間をかける必要がある。これからは少子化の時代だ。よりキメの細かい選抜だって可能になるだろう。

　同じことが企業の採用活動にも言える。人物本位をうたう「学校不問」、スポーツで活躍したり特殊な資格を取ったりした学生を優先する「一芸採用」を掲げた企業は少しずつ増えているが、看板倒れに終わったのでは意味がない。

　富士通[*8]はことし４月に「一芸」で12人を採用、来春は30～40人に増やす予定だ。手間はかかるが、「多様な人材で企業を活性化する」という目的にはかなう方法ではないか。

　「会社は、実力で勝負しなければならないというのに、そこで働いている人は、入社前に教育を受けた『場所』で評価されるというのは、どう考えても納得がいかない」。ソニー[*9]の盛田昭夫氏が著書「学歴無用論」でこう訴えたのは1966年だ。それから半世紀近く。そんな嘆きはもう過去の遺物にしたい。

（2011年６月19日付『日本経済新聞』）

注　*１　2011年３月11日に東日本で起こった大震災。東北地方太平洋沖で大地震（マグニチュード9.0）が発生し、それに伴って大津波が東北地方と関東地方の太平洋沿岸部を襲った。死者・行方不明者は約20,000人。また、この地震と津波により東京電力福島第一原子力発電所が事故を起こし、大量の放射性物質が放出された。
　　*２　若者もいい仕事をするではないか。
　　*３　それぞれの高校に進学するのに必要な学力水準が数値（偏差値）で示され、高校が序列化される。
　　*４　能登演劇堂。石川県七尾市にある劇場。
　　*５　塾（ここでは、俳優の養成所）の名前。
　　*６　筆記試験。（paper test［和製英語］）

*7　(admission office)
*8　企業名。
*9　企業名。(SONY)

I　漢字の読み方と語句の使い方

1．本文の漢字の読み方を下記で確認してください。

2．下線のある語句の意味と使い方を巻末の「語句の用例」で確認してください。

学歴とは別のものさしで

　東日本大震災の後、各国から寄せられた日本人への励ましの言葉、賛辞は記憶に新しい。それは自制心や勇気、連帯の心、忍耐力など、私たちが持つ資質に改めて①気づかせてくれたといってもいい。

①…あらためて

　また、被災地で働くボランティアの姿に「若者もやるじゃないか②」という思いを新たにした人も多いのではないか③。教育が、こうした日本人をつくり上げる大きな役割を果たしてきたことは間違いない④だろう。

②…ではないか
③…のではないか

④…まちがいない

ブランドが人の価値か

　しかし、震災からの復旧や復興、そして日本を強い国に再生していくには長い時間がかかる。それぞれの場面でさまざまな個性、能力を持つ人が必要になる。これまでにもまして⑤、学歴や学校歴だけではない多様なものさしで人を見る意識が、教育現場や家庭、企業も含めた社会全体に求められている。

⑤…にもまして

　教育を論じるときによく挙げられる⑥テーマがある。一つは、

⑥…あげる

教育のコースが単線型になっていて⑦、誰もが1本のレールに沿って進もうとしている、ということだ。

最近の高校進学率は98％、大学・短大進学率も54％に達している。半世紀前は高校進学率が50％台で、4割の生徒が工業、商業などの職業科に進んだ。就職を見すえたからだ。

しかし、いまは普通科高校に進む生徒が圧倒的に多い。その高校は偏差値でランク付けされ、なるべくいい高校からいい大学を目指す。それが「単線」の意味だ。高校にとって⑧重要なのは、いかに⑨「いい大学」に生徒を送り込むかであり、大学にとっては⑧就職の実績が大切になる。そこには1つの価値観しかない。

もう一つ、学歴が親から子にバトンタッチされ世代を越えて格差が固定化する、という議論がある。有名大学を出れば就職先に恵まれ⑩高収入を得る。そのお金が子の教育費に使われ、高学歴・高収入が次の世代に引き継がれていくという指摘だ。

年収400万円以下の家庭の4年制大学進学率は31％なのに、1,000万円を超えると62％になるという調査もある。

その結果⑪広がっているのが「学歴信仰」であり、「ブランド教育志向」である。それは企業の採用活動にも見てとれる⑫。社会全体の意識が学歴や有名校というブランドにとらわれ⑬、一人ひとりを見るこまやかな目を失っていないだろうか。

多様な人物を育てるためには、単線型でない教育、学歴が固定しない教育の仕組みを考える必要がある。

高校教育ももっと多彩であっていい。三重県立相可高校では食物調理科の生徒が年間売り上げ約4,000万円のレストランを運営、その活動をモデルにしたテレビドラマもできた。

石川県立七尾東雲高校は3年前に演劇科を開設し、全国から生徒を募集、地元の演劇堂で活動する仲代達矢さん主宰の無名塾の指導を受けている。地元企業や市民が「支援する会」をつくり、祭りなどに生徒を招いたり大道具を運ぶトラックを提供し

⑦…なっている

⑧…にとって
⑨…いかに
⑧…にとって

⑩…めぐまれる

⑪…けっか
⑫…みてとる
⑬…とらわれる

たりしているという⑭。

ほかにも⑮、看護・介護や福祉、観光、地元の伝統産業など、特色ある教育をする高校は増えている。その流れをもっと太くし、将来の仕事に結びつく教育と、生徒や卒業生を積極的に応援する社会を育てたい。

まだまだペーパーテスト重視の大学入試にも問題がある。小論文や面接・討論などで合格者を決めるＡＯ（アドミッション・オフィス）入試は年々広がっており⑯、昨年春の入学者のうち、私立大は11％、国立大でも3％を占めている⑰。

手間ひまかけた選抜を

ただ、ＡＯ入試には少子化時代の学生の取り合いといった意味もあり、合格者の基礎学力不足も指摘されている。学力に加え⑱、個性や多様な能力を見抜くためにはもっと入試に時間をかける必要がある。これからは少子化の時代だ。よりキメの細かい選抜だって可能になるだろう。

同じことが企業の採用活動にも言える。人物本位をうたう⑲「学校不問」、スポーツで活躍したり特殊な資格を取ったりした学生を優先する「一芸採用」を掲げた企業は少しずつ増えているが、看板倒れに終わったのでは意味がない。

富士通はことし4月に「一芸」で12人を採用、来春は30〜40人に増やす予定だ。手間はかかるが、「多様な人材で企業を活性化する」という目的にはかなう方法ではないか。

「会社は、実力で勝負しなければならないというのに、そこで働いている人は、入社前に教育を受けた『場所』で評価されるというのは、どう考えても納得がいかない」。ソニーの盛田昭夫氏が著書「学歴無用論」でこう訴えた⑳のは1966年だ。それから半世紀近く。そんな嘆きはもう過去の遺物にしたい。

⑭…という
⑮…ほか
⑯…ており
⑰…しめる
⑱…くわえる
⑲…うたう
⑳…うったえる

3．本文の内容に合わせて、以下の空欄を埋めてください。

（1）大震災のあと、各国から励ましの言葉が_____た。

（2）日本では教育が大きな役割を_____きた。

（3）高校進学率は 98％に_____いる。

（4）以前は就職を_____て、職業科に進む生徒が多かった。

（5）親から子へと世代を_____て格差が固定化している。

（6）生徒たちは無名塾の指導を_____いる。

（7）入試では、学力に加え個性や多様な能力を_____必要がある。

（8）「一芸採用」は「多様な人材で企業を活性化する」という目的に
_____いる。

II　話す練習（この文章の内容について、次の質問に答えてください。）

1．日本の再生のためにはどのような人間が必要だと、筆者は述べていますか。また、そのためにはどのような意識が必要だと述べていますか。
   - キーワード　個性、能力 ∥ 学歴、多様なものさし

2．「教育を論じるときによく挙げられる」議論の一つは何だと、筆者は述べていますか。
   - キーワード　単線型、普通科高校、偏差値

3．「もう一つ」の議論は何だと述べていますか。
   - キーワード　学歴、世代、格差、固定化 ∥ 有名大学、就職先、高収入

4．多彩な高校教育として、どのような具体例を筆者は紹介していますか。
   - キーワード　食物調理科、レストラン ∥ 演劇科、無名塾、地元企業・市民

5．ＡＯ入試の実施状況はどうですか。ＡＯ入試にはどのような問題が指摘されていると、筆者は述べていますか。また、今後の入試にはどのようなことが必要だと、述べていますか。

　　🗝 キーワード　私立大、国立大 ∥ 基礎学力 ∥ 学力、個性・能力、時間

6．企業の採用活動の現状について、筆者はどのように述べていますか。

　　🗝 キーワード　「学校不問」、「一芸採用」、看板倒れ

7．あなたの国では、大学の入試や企業の採用はどのように行われていますか。また、どのような問題がありますか。この文章について、あなたはどのような感想・意見を持ちましたか。

Ⅲ　書く練習

1．Ⅰの2の「あらためて」「まちがいない」「にもまして」「いかに」「めぐまれる」「みてとる」「とらわれる」「うたう」を使って、それぞれ一つずつ文を作ってください。

2．この文章について、あなたの国の状況にも触れながら、感想・意見を800字～1,200字で書いてください。

12. メディア機器・IT機器の影響

　これからの教育を考えるとき、あと一つ見逃すことができない問題がある。テレビやテレビゲームなどのメディア機器、あるいはパソコンをはじめとするIT機器が、子どもや若者たちの人間形成や脳の機能形成に与える直接的、間接的なマイナスの影響のことである。そして、それら機器との過度の接触によって引き起こされる様々な好ましからざる[*1]事態や社会的現象のことである。なぜ、こうした問題を「もう一つの教育問題」と考えるかと言えば、想定され懸念される脳機能の劣化は、教育制度や教育政策の方向転換や、教師の多大な努力を半減させ、時には無に帰すことになると考えるからである。また、社会の一員として欠かせない資質能力たる[*2]社会力の育ちと強化を著しく阻害することにもなると考えるからである。では、こうした問題とは具体的にはどういうことか。まず、二つの警告を紹介しておこう。

メディア機器がもたらす脳の機能低下

　ＮＨＫ[*3]が行っている調査なども、いま、乳幼児期からテレビ漬けの状態になっている子どもたちが多くなっているという。また、文部科学省が2007年度から始めた「全国学力・学習状況調査（全国学力テスト）」と同時に行われる生活習慣に関する調査によっても、第１回調査時[*4]より第２回調査時[*5]のほうが長時間テレビを見る児童生徒が増えており、学力との関連をみると、視聴時間が長い子どもほど成績が悪いと報告されている。

　テレビに限らず、現代の子どもとメディア機器やIT機器はもはや切っても切れない関係になっており、こうした機器との接触時間が多くなるほど様々な弊害を生むようになることは、これまで何度も繰り返し

指摘されてきた。これまでなされてきた指摘に加え、近年はもっと核心に迫る事柄、すなわちメディア機器やＩＴ機器との過剰な接触が脳の機能や構造を変え、子どもたちの心を変化させる危険性があることを脳科学の知見にもとづき警告する言説が増えている。メディア機器やＩＴ機器との過剰な接触が子どもの人間形成に及ぼす問題もまた、これからの教育を考える上で見逃すことはできないことである。そこで「もう一つの教育問題」として、最近なされた言説を二つ紹介することにしたい。

まず一つ目は岡田尊司氏の警告である。岡田氏は大学で脳科学を学び、大学院で高次脳科学の研究に携わるという経歴を経て、現在、医療少年院[*6]で少年の精神臨床に携わっている人物である。脳科学に関する知見を踏まえ、臨床医としての少年院での臨床経験をもとに岡田氏が結論を下し警告していることは、およそ次のようなことである。

1997年に起きた神戸連続児童殺傷事件[*7]などをはじめとする異様な事件を起こす少年たちに共通にみられる特徴は、現実感の乏しさや他者の感情や痛みに対する無頓着であり、共感性が乏しく、コミュニケーション能力がなく、直接対面的な対人関係を嫌い、物事への耐性がなく、無気力なことなどである。このような特徴は、脳の前頭前野[*8]の機能が低下した人間にみられる特徴と共通しており、若者の前頭前野の機能が低下していることを意味する。それを招いた主たる要因がテレビやビデオ、さらにはテレビゲームやネットへの嗜癖的な（中毒的な）のめり込みだとされる（『脳内汚染』文藝春秋、2005年）。

かなりショッキングな言説であり内容である。もっとも、この言説の真偽は科学的な実証研究によって確かめる必要はあるだろう。しかし、こうした警告があること自体は、これからの教育のあり方を考えるに当たって、無視してはならないことである。

現実の世界を侵すバーチャルな*9世界

あと一つの言説は戸塚滝登氏によるものである。戸塚氏は、大学で物理学を学び、卒業して25年ほど小学校の教師をし、時代に先駆けインターネット教育を実践してきた人である。戸塚氏の言説と警告も、これからの教育を考えようとするとき考慮に入れなければならないものといえる。戸塚氏が指摘する子どもの実態と警告はおよそ次のようなことである（『子どもの脳と仮想世界』岩波書店、2008年）。

現在、教育現場には、文部科学省の勧告や推奨もあって、コンピュータを使った知識の検索や間接体験を優先するインターネット依存の「情報追っかけ屋*10」や「情報ダウンロード屋」といった教師が増えている。そして、このような教師の行うインターネット教育によって何でもコンピュータで検索し、手っ取り早く自分の知識として詰め込む子どもたちが増えている。

このような事態が進む中で何が起こり、何が失われているのか。まず、自分の身体を直接使って得られる現実感覚が失われ、自分の脳をフル稼働させることで鍛えられる思考力や想像力、創造力も減退し、加えて、様々な人たちとの出会いを重ね、直接体験することでしか獲得できない道徳観念もまたなくなりつつある。

こうして今、子どもの脳はバーチャルな空間での仮想体験を繰り返すことで、脳が本来持っていたリアルな身体感覚を捨て去り、バーチャルな身体感覚に取って代わられつつあり、バーチャルな世界で経験したことを、何の抵抗もなく、そのまま現実の世界に繰り出すようになっているという。「死んだ人間が生き返った」という仮想空間での見聞が、現実の世界と仮想の世界との境界を飛び越え実際に人を殺すことに抵抗を感じないようになっているのは、そうした脳の機能転換によるものである、と戸塚氏は言う。

著書の中で、戸塚氏は「仮想世界では何でも起こりうる。そしてそれ

はやがて現実世界にもしみ出てくる」と再三繰り返しているが、同じように繰り返される「「子どもの心性は時代を経ても不変である」という考え方はとんでもない誤解である」という鋭い指摘とともに、教育に携わるものはすべて、このこともまたしっかり頭に入れておくべきであろう。

ＩＴ病理としてのネットいじめ

あと一つ関連する教育問題として見逃すことができないのは、学校世界に広がる「ネットいじめ」とそれが原因となって起こる「いじめ自殺」である。

先にも触れたが、1986年の2月、東京都中野区の中学2年生がいじめが原因で自殺した。クラス担任の教師も一緒になって、「死んでおめでとう」などと寄せ書きした色紙を送るなどの「葬式ごっこ」をしていたことが明らかになったことは、いまも記憶に新しいことである。

その後、いじめをなくす様々な手が打たれてはきたが、いじめが減っている様子はない。いじめの定義を変えて調査したということもあるが、2006年度に文部科学省が行った実態調査では、前年度の約6倍の12万件に上ったと報告されている。

そのうち、インターネットの掲示板や学校裏サイト[*11]に悪口を書き込むというネットを利用したいじめが約4,900件あったという。また、いじめが原因とされる自殺も6件あったとされ、いじめは今、形を変え「ネットいじめ」と呼ばれるいっそう外からわかりにくい形となって増えているようである。恐らく、調査で確認されたいじめの発生件数は氷山の一角でしかないとみてよい。

近年、若い作家がいじめをテーマにした文芸作品を多く書いている。一見明るく何事もないようにみえる学校や教室の様子の裏側で、子どもたちは毎日、自分がいじめの対象にされるかもしれないと精神的な怯えを抱えて机に座っている。そうした学校の実態が世間に知られるように

なってきたことも、そうした文芸作品が増えている背景にあるのだろう。
　学校からいじめを根絶するために、他人の痛みがわかるような子に育てる教育をすべきだとか、小さな兆候も見逃さないようにしなければならないなどと言われるが、そうしたありきたりな対応策でいじめがなくなるとは思えない。なぜ子どもたちが子どもたち同士でいじめ合うのか。序章でみたように、その根本的な理由や原因が、子どもたちの「社会化[*12]不全」や「非社会化」[*13]にあることをしっかりと認識し、新たな意図と発想にもとづく教育を実行する他はない。

（門脇厚司『社会力を育てる―新しい「学び」の構想』岩波新書 2010）

注　*1　好ましくない…。
　　*2　資質能力である…。
　　*3　NIPPON HOSO KYOKAI（日本放送協会）の略。英語名は Japan Broadcasting Corporation。
　　*4　2007年4月。
　　*5　2008年4月。
　　*6　犯罪を犯した者のうち、心身に著しい障害があると判断された12歳以上26歳未満の者に治療と矯正教育を施す施設（2015年6月施行の少年院法では「第三種少年院」）。
　　*7　2月から5月にかけて神戸市で起きた殺傷事件。児童2名が死亡し3名が重軽傷を負った。犯人は14歳の少年だった。
　　*8　額の裏側にある大きな領域。脳の他の領域への命令機能を持つ。
　　*9　仮想の…。（virtual）
　　*10　情報をいつも追いかけている人。
　　*11　特定の学校の生徒たちが自分たちの交流や情報交換のために作った非公式のサイト。
　　*12　筆者はこの著書の中で、「「社会化」とは、ある社会に生まれたヒトの子が、その社会の正規の成員になっていくプロセスのことである」と定義している。
　　*13　その特質として、筆者は、①他人と関わるのが苦痛、②他人に対する関心が低い、③他者との相互行為が極端に少ない、④人間や社会に対する不信感や不満感が強い、といったことを挙げている。

Ⅰ　漢字の読み方と語句の使い方

１．本文の漢字の読み方を下記で確認してください。

２．下線のある語句の意味と使い方を巻末の「語句の用例」で確認してください。

メディア機器・ＩＴ機器の影響

　これからの教育を考えるとき、あと一つ見逃す①ことができない問題がある。テレビやテレビゲームなどのメディア機器、あるいはパソコンをはじめとする②ＩＴ機器が、子どもや若者たちの人間形成や脳の機能形成に与える直接的、間接的なマイナスの影響のことである。そして、それら機器との過度の接触によって③引き起こされる様々な好ましからざる事態や社会的現象のことである。なぜ、こうした問題を「もう一つの教育問題」と考えるかと言えば④、想定され懸念される⑤脳機能の劣化は、教育制度や教育政策の方向転換や、教師の多大な努力を半減させ、時には⑥無に帰すことになると考えるからである。また、社会の一員として欠かせない⑦資質能力たる社会力の育ちと強化を著しく阻害することにもなると考えるからである。では、こうした問題とは⑧具体的にはどういうことか。まず、二つの警告を紹介しておこう。

メディア機器がもたらす⑨脳の機能低下
　ＮＨＫが行っている調査なども、いま、乳幼児期からテレビ漬けの状態になっている子どもたちが多くなっているという⑩。また、文部科学省が2007年度から始めた「全国学力・学習状況調査（全国学力テスト）」と同時に行われる生活習慣に関する⑪調査によっても⑫、第１回調査時より第２回

①…みのがす

②…はじめ

③…よるｂ

④…かといえば

⑤…けねん

⑥…ときに

⑦…かかす

⑧…とはａ

⑨…もたらす

⑩…という

⑪…かんする

⑫…よるａ

調査時のほうが長時間テレビを見る児童生徒が増えており、学力との関連をみると、視聴時間が長い子どもほど成績が悪いと報告されている。

　テレビに限らず、現代の子どもとメディア機器やIT機器はもはや切っても切れない関係になっており、こうした機器との接触時間が多くなるほど様々な弊害を生むようになることは、これまで何度も繰り返し指摘されてきた。これまでなされてきた指摘に加え、近年はもっと核心に迫る事柄、すなわちメディア機器やIT機器との過剰な接触が脳の機能や構造を変え、子どもたちの心を変化させる危険性があることを脳科学の知見にもとづき警告する言説が増えている。メディア機器やIT機器との過剰な接触が子どもの人間形成に及ぼす問題もまた、これからの教育を考える上で見逃すことはできないことである。そこで「もう一つの教育問題」として、最近なされた言説を二つ紹介することにしたい。

　まず一つ目は岡田尊司氏の警告である。岡田氏は大学で脳科学を学び、大学院で高次脳科学の研究に携わるという経歴を経て、現在、医療少年院で少年の精神臨床に携わっている人物である。脳科学に関する知見を踏まえ、臨床医としての少年院での臨床経験をもとに岡田氏が結論を下し警告していることは、およそ次のようなことである。

　1997年に起きた神戸連続児童殺傷事件などをはじめとする異様な事件を起こす少年たちに共通にみられる特徴は、現実感の乏しさや他者の感情や痛みに対する無頓着であり、共感性が乏しく、コミュニケーション能力がなく、直接対面的な対人関係を嫌い、物事への耐性がなく、無気力なことなどである。このような特徴は、脳の前頭前野の機能が低下した人間にみられる特徴と共通しており、若者の前頭前野の機能が低下していることを意味する。それを招いた主たる要因がテレビやビデ

オ、さらにはテレビゲームやネットへの嗜癖的な（中毒的な）のめり込みだとされる㉔（『脳内汚染』文藝春秋、2005年）。

かなりショッキングな言説であり内容である。もっとも㉕、この言説の真偽は科学的な実証研究によって⑫確かめる必要はあるだろう。しかし、こうした警告があること自体は㉖、これからの教育のあり方を考えるに当たって㉗、無視してはならないことである。

現実の世界を侵すバーチャルな世界

あと一つの言説は戸塚滝登氏による⑫ものである。戸塚氏は、大学で物理学を学び、卒業して25年ほど小学校の教師をし、時代に先駆けインターネット教育を実践してきた人である。戸塚氏の言説と警告も、これからの教育を考えようとするとき考慮に入れなければならないものといえる。戸塚氏が指摘する子どもの実態と警告はおよそ次のようなことである（『子どもの脳と仮想世界』岩波書店、2008年）。

現在、教育現場には、文部科学省の勧告や推奨もあって㉘、コンピュータを使った知識の検索や間接体験を優先するインターネット依存の「情報追っかけ屋」や「情報ダウンロード屋」といった教師が増えている。そして、このような教師の行うインターネット教育によって③何でもコンピュータで検索し、手っ取り早く自分の知識として詰め込む子どもたちが増えている。

このような事態が進む中で何が起こり、何が失われているのか。まず、自分の身体を直接使って得られる現実感覚が失われ、自分の脳をフル稼働させることで鍛えられる思考力や想像力、創造力も減退し、加えて⑯、様々な人たちとの出会いを重ね、直接体験することでしか獲得できない道徳観念もまたなくなりつつある㉙。

㉔…する
㉕…もっとも
⑫…よるa
㉖…じたい
㉗…あたるa

⑫…よるa

㉘…ある

③…よるb

⑯…くわえる

㉙…つつある

12. メディア機器・IT機器の影響 | 113

こうして今、子どもの脳はバーチャルな空間での仮想体験を繰り返すことで、脳が本来持っていたリアルな身体感覚を捨て去り、バーチャルな身体感覚に取って代わられつつあり、バーチャルな世界で経験したことを、何の抵抗もなく、そのまま現実の世界に繰り出すようになっているという。「死んだ人間が生き返った」という仮想空間での見聞が、現実の世界と仮想の世界との境界を飛び越え実際に人を殺すことに抵抗を感じないようになっているのは、そうした脳の機能転換によるものである、と戸塚氏は言う。

　著書の中で、戸塚氏は「仮想世界では何でも起こりうる。そしてそれはやがて現実世界にもしみ出てくる」と再三繰り返しているが、同じように繰り返される「「子どもの心性は時代を経ても不変である」という考え方はとんでもない誤解である」という鋭い指摘とともに、教育に携わるものはすべて、このこともまたしっかり頭に入れておくべきであろう。

IT病理としてのネットいじめ
　あと一つ関連する教育問題として見逃すことができないのは、学校世界に広がる「ネットいじめ」とそれが原因となって起こる「いじめ自殺」である。

　先にも触れたが、1986年の2月、東京都中野区の中学2年生がいじめが原因で自殺した。クラス担任の教師も一緒になって、「死んでおめでとう」などと寄せ書きした色紙を送るなどの「葬式ごっこ」をしていたことが明らかになったことは、いまも記憶に新しいことである。

　その後、いじめをなくす様々な手が打たれてきたが、いじめが減っている様子はない。いじめの定義を変えて調査したということもあるが、2006年度に文部科学省が行った実態調査では、前年度の約6倍の12万件に上ったと報告されている。

㉚…ほんらい

㉙…つつある

⑩…という

③…よるb

㉛…うる

①…みのがす

㉜…てをうつ

㉘…ある

そのうち、インターネットの掲示板や学校裏サイトに悪口を書き込むというネットを利用したいじめが約4,900件あったという⑩。また、いじめが原因とされる㉔自殺も6件あったとされ㉔、いじめは今、形を変え「ネットいじめ」と呼ばれるいっそう外からわかりにくい形となって増えているようである。恐らく、調査で確認されたいじめの発生件数は氷山の一角でしかない㉝とみてよい。

近年、若い作家がいじめをテーマにした文芸作品を多く書いている。一見明るく何事もないようにみえる学校や教室の様子の裏側で、子どもたちは毎日、自分がいじめの対象にされるかもしれないと㉞精神的な怯えを抱えて机に座っている。そうした学校の実態が世間に知られるようになってきたことも、そうした文芸作品が増えている背景にあるのだろう。

学校からいじめを根絶するために、他人の痛みがわかるような子に育てる教育をすべきだとか、小さな兆候も見逃さない①ようにしなければならないなどと言われるが、そうしたありきたりな対応策でいじめがなくなるとは思えない。なぜ子どもたちが子どもたち同士でいじめ合うのか。序章でみたように、その根本的な理由や原因が、子どもたちの「社会化不全」や「非社会化」にあることをしっかりと認識し、新たな意図と発想にもとづく⑱教育を実行する他はない㉟。

⑩…という
㉔…する
㉔…する

㉝…しかない

㉞…とa

①…みのがす

⑱…もとづく
㉟…ほかない

3．本文の内容に合わせて、以下の空欄を埋めてください。

（1）メディア機器が子どもの脳の機能形成にマイナスの影響を＿＿＿＿＿＿いる。

（2）脳機能の劣化は教師の努力を無に＿＿＿＿＿＿ことになる。

（3）機器との長時間の接触が様々な弊害を＿＿＿＿＿＿いる。

（4）岡田氏は大学院で高次脳科学の研究に＿＿＿＿＿＿た。

（5）若者の前頭前野の機能が＿＿＿＿＿＿＿＿いる。

（6）戸塚氏の警告もこれからの教育を考えるとき考慮に＿＿＿＿＿＿＿＿なければならない。

（7）現実の世界と仮想の世界との境界が分からなくなり、人を殺すことに抵抗を＿＿＿＿＿＿＿＿ない子どもが生まれている。

（8）2006年度はいじめが12万件に＿＿＿＿＿＿＿＿という。

Ⅱ **話す練習**（この文章の内容について、次の質問に答えてください。）

1．ＮＨＫや文部科学省の調査では、どのようなことが報告されていますか。
   キーワード　乳幼児期、テレビ漬け ∥ 長時間、テレビ、児童生徒 ∥ 学力、視聴時間、成績

2．岡田氏はどのような警告をしていますか。
   キーワード　異様な事件、少年たち、現実感、他者の感情、コミュニケーション能力、対面的な対人関係、無気力 ∥ 前頭前野、テレビ・ビデオ・テレビゲーム・ネット

3．戸塚氏はどのような警告をしていますか。
   キーワード　インターネット依存、教師、インターネット教育 ∥ 現実感覚、思考力・想像力・創造力、道徳観念 ∥ リアルな身体感覚、バーチャルな身体感覚、現実の世界、仮想の世界

4．「ネットいじめ」の実態について、筆者はどのように述べていますか。
   キーワード　2006年度、実態調査 ∥ 掲示板・学校裏サイト、悪口、約4,900件、自殺、6件、氷山の一角

5．あなたの国では、メディア機器・ＩＴ機器の、子どもや若者たちへの影響についてどのような議論がありますか。この文章について、あなたはどのような感想・意見を持ちましたか。

III 書く練習

1. Ⅰの2の「みのがす」「かといえば」「ほどc」「せまるb」「およぼす」「もとに」「まねく」「ほかない」を使って、それぞれ一つずつ文を作ってください。

2. この文章について、あなたの国の状況にも触れながら、感想・意見を800字～1,200字で書いてください。

13.「主権者教育」

　日本の教育の"不自由さ"をあらためて思い知らされたのが、「18歳選挙権」が認められた後*1、にわかに教育現場で「主権者教育」が行われるようになった2015～16年です。

　私は以前から、「日本の子どもたちは"一人の人間"として尊重されていない」ことを問題視してきました。日本では、子どもは"一人前"ではないとされ、大人が子どもの意見や主張には、まともに取り合わないといったことも珍しくありません。子どもを"未熟なもの"と位置づけ、大人より下に見ているからです。

　これは日本特有の「子ども観」であり、欧米ではそのような視点や意識はありません。子どもも"一人の人間"として、大人と同じように自分の意見を持ち、考えを述べます。そして、大人もその声に真摯に耳を傾けます。

　日本に、子どもを「半人前」と見る意識が根強くあったことも障壁となり、「18歳選挙権」はなかなか実現しませんでした。しかし、2015年、「18歳選挙権」が国会で日の目を見たことで、18歳の「子ども」にも大人並みの"分別"と"判断力"があることがようやく認められたといえます。

　これは、遅まきながらも「一歩前進」といえますが、「では、18歳の有権者にどのような政治教育をしたらよいか」という問題に直面したときに、国にも、教育現場にも混乱が広がりました。

　高校生、中学生を対象にした「主権者教育」はどうあるべきか。大学紛争*2が吹き荒れた時代、高校でも授業妨害や学校封鎖などが相次ぎ、対応を迫られた旧文部省*3が1969年に出した「高等学校における政治的教養と政治的活動について……教師の個人的な主義主張を避けて公正

な態度で」臨むことを求めた通知の後、教育現場では教師が政治について踏み込んで教えることが長らくできなくなっていたという経緯があります。しかし、2011年、若者の投票率向上を図ろうとした総務省が、学校教育で、「社会参加に必要な知識、技能、価値観を習得させる教育」の中心となる「市民と政治の関わり」を教えるべきだとし、これを「主権者教育」と定義づけたのです。

　2016年7月、「18歳選挙権」施行のもとで行われる初めての国政選挙である参議院議員通常選挙を前に、各学校が公民科[*4]の授業や特別活動[*5]などを通じて、新たに有権者となる高校生を対象とした「主権者教育」に取り組みました。しかし、総務省が「政治的中立性の確保」を厳しく求めている背景があり、教育委員会や学校管理職が過剰ともいえる警戒感で教育現場を監視したために、生徒が政治について自由闊達に議論できるような画期的な授業を実践できたケースはごく少なかったと見られています。

　文部科学省が2016年4〜5月に、全国の高等学校、特別支援学校高等部[*6]を対象に行った調査では、高校3年生以上に何らかの形で主権者教育を実施した学校は全体の9割以上を占めていました。しかし、指導内容の大半は「公職選挙法[*7]や選挙のしくみ」に関するもので、ディベートや模擬選挙などの実践的な教育に取り組んだ学校は3割以下にとどまっています。

第3学年以上の生徒における主権者教育の実施状況

実施した主権者教育の指導内容

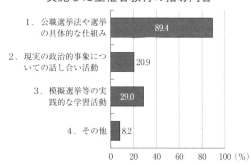

注）2015年度の実施報告
注）複数回答

出典：文部科学省「主権者教育（政治的教養の教育）実施状況調査について（概要）」（2016年4月〜5月）

一方で、中学校の公民*8の授業で原発問題について取り上げた際、教師が新聞2紙の社説を使おうとしたところ、学校の管理職が「2紙では足りないから」と6紙使うよう指示するケースがありました。また、与党が一般向けに、政治的中立性を逸脱するような指導を行った教師について報告するようホームページで求めたりといった事態も生じました。管理や規制の動きが表立って現れたことで、萎縮した現場からは、「"まともな主権者教育"ができない」という批判の声が上がっています。

　横浜市青葉区の投票所では18歳の投票率が全国平均を大きく上回ったそうですが、青葉署*9が区内の県立高校3校に電話をし、高い投票率について「政治的中立性」の観点からどのように生徒に指導したかを尋ねたといいます。このような「前代未聞」の事態に、教員の不安はいかほどだったでしょうか。明らかに教育現場への権力の「不当な介入」といわざるをえません。

（尾木直樹『取り残される日本の教育　わが子のために親が知っておくべきこと』
講談社＋α新書2017）

注　*1　選挙権が18歳以上の者に与えられた後（それ以前は「20歳以上」）。
　　*2　大学の管理・運営や教育・研究をめぐって大学当局と学生との間で起こった紛争。1960年代後半に多くの大学で発生した。
　　*3　現在の文部科学省。
　　*4　高等学校で学ぶ教科の1つ。「現代社会」「倫理」「政治・経済」の3科目で構成されている。
　　*5　ホームルーム活動、生徒会（全校生徒の自治的な組織）活動、学校行事の三つの活動。
　　*6　各種の障害を持つ生徒に対して、高等学校に準ずる教育を行うことと、自立のための知識・技能を与えることを目的とした学校。
　　*7　公職（国会議員、地方公共団体［都道府県、市町村等］の議員・首長など）の選挙方法について定めた法律。
　　*8　「社会科」の3つの分野の1つ（ほかは「地理」と「歴史」）。社会・政治・経済のしくみについて学習する。
　　*9　青葉警察署。

Ⅰ 漢字の読み方と語句の使い方

1．本文の漢字の読み方を下記で確認してください。

2．下線のある語句の意味と使い方を巻末の「語句の用例」で確認してください。

「主権者教育」

　日本の教育の"不自由さ"をあらためて①思い知らされたのが、「18歳選挙権」が認められた後、にわかに教育現場で「主権者教育」が行われるようになった2015～16年です。

　私は以前から、「日本の子どもたちは"一人の人間"として尊重されていない」ことを問題視して②きました。日本では、子どもは"一人前"ではないとされ③、大人が子どもの意見や主張には、まともに取り合わない④といったことも珍しくありません。子どもを"未熟なもの"と位置づけ⑤、大人より下に見ているからです。

　これは日本特有の「子ども観」であり、欧米ではそのような視点や意識はありません。子どもも"一人の人間"として、大人と同じように自分の意見を持ち、考えを述べます。そして、大人もその声に真摯に耳を傾けます。

　日本に、子どもを「半人前」と見る意識が根強く⑥あったことも障壁となり、「18歳選挙権」はなかなか実現しませんでした。しかし、2015年、「18歳選挙権」が国会で日の目を見たことで、18歳の「子ども」にも大人並みの⑦"分別"と"判断力"があることがようやく認められたといえます。

　これは、遅まきながらも「一歩前進」といえますが、「では、18歳の有権者にどのような政治教育をしたらよいか」という問題に直面したときに、国にも、教育現場にも混乱が広がりま

①…あらためて

②…しする

③…する

④…とりあう

⑤…づける

⑥…ねづよい

⑦…なみ

した。

　高校生、中学生を対象にした「主権者教育」はどうあるべきか。大学紛争が吹き荒れた時代、高校でも授業妨害や学校封鎖などが相次ぎ、対応を迫られた⑧旧文部省が1969年に出した「高等学校における政治的教養と政治的活動について……教師の個人的な主義主張を避けて公正な態度で」臨む⑨ことを求めた通知の後、教育現場では教師が政治について踏み込んで⑩教えることが長らくできなくなっていたという経緯があります。

　しかし、2011年、若者の投票率向上を図ろうとした総務省が、学校教育で、「社会参加に必要な知識、技能、価値観を習得させる教育」の中心となる「市民と政治の関わり⑪」を教えるべきだとし③、これを「主権者教育」と定義づけた⑤のです。

　2016年7月、「18歳選挙権」施行のもとで行われる初めての国政選挙である参議院議員通常選挙を前に、各学校が公民科の授業や特別活動などを通じて、新たに有権者となる高校生を対象とした「主権者教育」に取り組みました⑫。しかし、総務省が「政治的中立性の確保」を厳しく求めている背景があり、教育委員会や学校管理職が過剰ともいえる警戒感で教育現場を監視したために、生徒が政治について自由闊達に議論できるような画期的な授業を実践できたケースはごく少なかったと見られています。

　文部科学省が2016年4～5月に、全国の高等学校、特別支援学校高等部を対象に行った調査では、高校3年生以上に何らかの形で主権者教育を実施した学校は全体の9割以上を占めていました⑬。しかし、指導内容の大半は「公職選挙法や選挙のしくみ」に関する⑭もので、ディベートや模擬選挙などの実践的な教育に取り組んだ⑫学校は3割以下にとどまっています⑮。

　一方で⑯、中学校の公民の授業で原発問題について取り上げ

⑧…せまる a
⑨…のぞむ
⑩…ふみこむ

⑪…かかわり
③…する
⑤…づける

⑫…とりくむ

⑬…しめる
⑭…かんする
⑫…とりくむ
⑮…とどまる
⑯…いっぽう

た⑰際、教師が新聞2紙の社説を使おうとしたところ⑱、学校の管理職が「2紙では足りないから」と6紙使うよう指示するケースがありました。また、与党が一般向けに、政治的中立性を逸脱するような指導を行った教師について報告するようホームページで求めたり⑲といった事態も生じました。管理や規制の動きが表立って現れたことで、萎縮した現場からは、「"まともな主権者教育"ができない」という批判の声が上がっています。

横浜市青葉区の投票所では18歳の投票率が全国平均を大きく上回ったそうですが、青葉署が区内の県立高校3校に電話をし、高い投票率について「政治的中立性」の観点からどのように生徒に指導したかを尋ねたといいます⑳。このような「前代未聞」の事態に、教員の不安はいかほどだったでしょうか。明らかに教育現場への権力の「不当な介入」といわざるをえません㉑。

⑰…とりあげる
⑱…ところ

⑲…たり

⑳…という

㉑…ざるをえない

3．本文の内容に合わせて、以下の空欄を埋めてください。

（1）日本では大人は子どもの声にあまり耳を＿＿＿＿＿＿。

（2）国も教育現場も18歳の有権者にどのような政治教育をしたらよいかという問題に＿＿＿＿＿＿した。

（3）総務省は若者の投票率の向上を＿＿＿＿＿＿うとした。

（4）文部科学省は全国の高等学校を＿＿＿＿＿＿に調査を行った。

（5）ある中学校では、公民の授業で原発問題について＿＿＿＿＿＿た。

（6）管理や規制の動きに、現場からは批判の声が＿＿＿＿＿＿た。

（7）18歳の投票率が全国平均を大きく＿＿＿＿＿＿た投票所もある。

（8）権力が教育の現場に＿＿＿＿＿＿したケースもあった。

II 話す練習（この文章の内容について、次の質問に答えてください。）

1. 日本で「18歳選挙権」がなかなか実現しなかった理由を筆者はどう述べていますか。
   - キーワード　子ども、「半人前」、意識

2. 18歳の有権者への政治教育について「混乱が広がった」背景を筆者はどう述べていますか。
   - キーワード　大学紛争、高校、授業妨害・学校封鎖 // 文部省、1969年、「個人的な主義主張」、「公正な態度」、通知 // 2011年、総務省、若者の投票率、「市民と政治の関わり」、「主権者教育」

3. 「18歳選挙権」が実施される前に各学校が取り組んだ「主権者教育」に「画期的な授業」が「ごく少なかった」理由を筆者はどう述べていますか。
   - キーワード　総務省、「政治的中立性の確保」// 教育委員会・学校管理職、警戒感、教育現場、監視 // 生徒、自由闊達、議論

4. 文部科学省が2016年に全国の高校を対象に行った調査でどのようなことが分かったと筆者は述べていますか。
   - キーワード　「主権者教育」、9割以上 //「公職選挙法や選挙のしくみ」// ディベート・模擬選挙、実践的な教育、3割以下

5. 「管理や規制の動き」として、筆者はどのような例を挙げていますか。
   - キーワード　中学校、公民、原発問題、新聞の社説、管理職 // 与党、政治的中立性、教師、報告 // 横浜市の投票所、18歳の投票率、全国平均、警察、県立高校、電話、「政治的中立性」、指導

6. あなたの国では「主権者教育」はどのように行われていますか。また、どのような議論がありますか。この文章について、あなたはどのような感想・意見を持ちましたか。

Ⅲ 書く練習

1. Ⅰの2の「しする」「とりあう」「づける」「ねづよい」「のぞむ」「ふみこむ」「とどまる」「ざるをえない」を使って、それぞれ一つずつ文を作ってください。

2. この文章について、あなたの国の状況にも触れながら、感想・意見を800字〜1,200字で書いてください。

Ⅳ

企業と労働

14. 日本型雇用システム（1）

職務のない雇用契約

　日本型雇用システムの最も重要な特徴として通常挙げられるのは、長期雇用制度（終身雇用制度[*1]）、年功賃金制度[*2]（年功序列制度）および企業別組合の3つで、三種の神器[*3]とも呼ばれます。これらはそれぞれ、雇用管理、報酬管理および労使関係という労務管理の三大分野における日本の特徴を示すものですが、日本型雇用システムの本質はむしろその前提となる雇用契約の性質にあります。

　雇用契約とは、「当事者の一方が相手方に対して労働に従事することを約し、相手方がこれに対してその報酬を与えることを約することによって、その効力を生ずる」（民法第623条）と定義されていますが、問題はこの「労働に従事する」という言葉の意味です。雇用契約も契約なのですから、契約の一般理論からすれば、具体的にどういう労働に従事するかが明らかでなければそもそも契約になり得ません。しかし、売買や賃貸借とは異なり、雇用契約はモノではなくヒトの行動が目的ですから、そう細かにすべてをあらかじめ決めることもできません。ある程度は労働者の主体性に任せるところが出てきます。これはどの社会でも存在する雇用契約の不確定性です。

　しかし、どういう種類の労働を行うか、例えば旋盤を操作するとか、会計帳簿をつけるとか、自動車を販売するといったことについては、雇用契約でその内容を明確に定めて、その範囲内の労働についてのみ労働者は義務を負うし、使用者は権利を持つというのが、世界的に通常の考え方です。こういう特定された労働の種類のことを職務（ジョブ[*4]）といいます。英語では失業することを「ジョブを失う」といいますし、就職することを「ジョブを得る」といいますが、雇用契約が職務を単位と

して締結されたり解約されたりしていることをよく表しています。これに対して、日本型雇用システムの特徴は、職務という概念が希薄なことにあります。これは外国人にはなかなか理解しにくい点なのですが、職務概念がなければどうやって雇用契約を締結するというのでしょう。

現代では、使用者になるのは会社をはじめとする企業が多く、そこには多くの種類の労働があります。これをその種類ごとに職務として切り出してきて、その各職務に対応する形で労働者を採用し、その定められた労働に従事させるのが日本以外の社会のやり方です。これに対して日本型雇用システムでは、その企業の中の労働を職務ごとに切り出さずに、一括して雇用契約の目的にするのです。労働者は企業の中のすべての労働に従事する義務がありますし、使用者はそれを要求する権利を持ちます。

もちろん、実際には労働者が従事するのは個別の職務です。しかし、それは雇用契約で特定されているわけではありません。あるときにどの職務に従事するかは、基本的には使用者の命令によって決まります。雇用契約それ自体の中には具体的な職務は定められておらず、いわばそのつど職務が書き込まれるべき空白の石版であるという点が、日本型雇用システムの最も重要な本質なのです。こういう雇用契約の法的性格は、一種の地位設定契約あるいはメンバーシップ[*5]契約と考えることができます。日本型雇用システムにおける雇用とは、職務ではなくてメンバーシップなのです。

日本型雇用システムの特徴とされる長期雇用制度、年功賃金制度および企業別組合は、すべてこの職務のない雇用契約という本質からそのコロラリー[*6]（論理的帰結）として導き出されます。

長期雇用制度

まず、長期雇用制度とか終身雇用制度と呼ばれる仕組みについて考え

ましょう。もし日本以外の社会のように、具体的な職務を特定して雇用契約を締結するのであれば、企業の中でその職務に必要な人員のみを採用することになります。仮に技術革新や経済状況の変動でその職務に必要な人員が減少したならば、その雇用契約を解除する必要が出てきます。なぜならば、職務が特定されているために、その職務以外の労働をさせることができないからです。もちろん、アメリカという例外を除けば、ヨーロッパやアジアの多くの社会では使用者の解雇権は制約されています。正当な理由もないのに勝手に労働者を解雇することはできません。しかし、雇用契約で定められた職務がなくなったのであれば、それは解雇の正当な理由になります。仕事もないのに雇い続けろというわけにはいかないからです。

　ところが、日本型雇用システムでは、雇用契約で職務が決まっていないのですから、ある職務に必要な人員が減少しても、別の職務で人員が足りなければ、その職務に異動させて雇用契約を維持することができます。別の職務への異動の可能性がある限り、解雇が正当とされる可能性は低くなります。もちろん、企業がたいへん厳しい経営状況にあって、絶対的に人員が過剰であれば、解雇が正当とされる可能性は高まるでしょう。しかし、その場合でも、出向とか転籍といった形で、他の企業において雇用を維持する可能性が追求されることもあります。ここで最大の焦点になっているのはメンバーシップの維持です。

(濱口桂一郎『新しい労働社会―雇用システムの再構築へ』岩波新書 2009)

注　＊1　一度企業が採用したら、定年まで雇用を続けるという制度。
　　＊2　学歴、勤続年数、年齢などによって賃金が決まる制度。勤続年数、年齢の増加とともに賃金も上がる。
　　＊3　天皇の地位を継承するときに、代々の天皇が受け継ぐ3種類の宝物。ここでは、「3つの重要な制度」という意味で使われている。
　　＊4　(job)
　　＊5　(membership)
　　＊6　(corollary)

Ⅰ 漢字の読み方と語句の使い方

1．本文の漢字の読み方を下記で確認してください。

2．下線のある語句の意味と使い方を巻末の「語句の用例」で確認してください。

日本型雇用システム（1）

職務のない雇用契約

日本型雇用システムの最も重要な特徴として通常挙げられる①のは、長期雇用制度（終身雇用制度）、年功賃金制度（年功序列制度）および企業別組合の3つで、三種の神器とも呼ばれます。これらはそれぞれ、雇用管理、報酬管理および労使関係という労務管理の三大分野における②日本の特徴を示すものですが、日本型雇用システムの本質はむしろ③その前提となる④雇用契約の性質にあります。

雇用契約とは⑤、「当事者の一方が相手方に対して労働に従事することを約し、相手方がこれに対してその報酬を与えることを約することによって⑥、その効力を生ずる」（民法第623条）と定義されていますが、問題はこの「労働に従事する」という言葉の意味です。雇用契約も契約なのですから、契約の一般理論からすれば⑦、具体的にどういう労働に従事するかが明らかでなければそもそも⑧契約になり得ません⑨。しかし、売買や賃貸借とは異なり、雇用契約はモノではなくヒトの行動が目的ですから、そう細かにすべてをあらかじめ決めることもできません。ある程度は労働者の主体性に任せるところが出てきます。これはどの社会でも存在する雇用契約の不確定性です。

しかし、どういう種類の労働を行うか、例えば旋盤を操作す

①…あげる

②…における

③…むしろ
④…ぜんてい

⑤…とはa

⑥…よるb

⑦…する
⑧…そもそも
⑨…うる

るとか、会計帳簿をつけるとか、自動車を販売するといったことについては、雇用契約でその内容を明確に定めて、その範囲内の労働についてのみ労働者は義務を負うし、使用者は権利を持つというのが、世界的に通常の考え方です。こういう特定された労働の種類のことを職務（ジョブ）といいます。英語では失業することを「ジョブを失う」といいますし、就職することを「ジョブを得る」といいますが、雇用契約が職務を単位として締結されたり解約されたりしていることをよく表しています。これに対して⑩、日本型雇用システムの特徴は、職務という概念が希薄なことにあります。これは外国人にはなかなか理解しにくい点なのですが、職務概念がなければどうやって雇用契約を締結するというのでしょう。

現代では、使用者になるのは会社をはじめとする⑪企業が多く、そこには多くの種類の労働があります。これをその種類ごとに職務として切り出してきて、その各職務に対応する形で労働者を採用し、その定められた労働に従事させるのが日本以外の社会のやり方です。これに対して⑩日本型雇用システムでは、その企業の中の労働を職務ごとに切り出さずに⑫、一括して雇用契約の目的にするのです。労働者は企業の中のすべての労働に従事する義務がありますし、使用者はそれを要求する権利を持ちます。

もちろん、実際には労働者が従事するのは個別の職務です。しかし、それは雇用契約で特定されているわけではありません⑬。あるときにどの職務に従事するかは、基本的には使用者の命令によって⑭決まります。雇用契約それ自体⑮の中には具体的な職務は定められておらず⑯、いわば⑰そのつど職務が書き込まれるべき空白の石版であるという点が、日本型雇用システムの最も重要な本質なのです。こういう雇用契約の法的性格は、一種の地位設定契約あるいはメンバーシップ契約と考えること

⑩…にたいして

⑪…はじめ

⑩…にたいして
⑫…ず

⑬…わけではない
⑭…よるa
⑮…じたい
⑯…ており
⑰…いわば

ができます。日本型雇用システムにおける②雇用とは⑤、職務ではなくてメンバーシップなのです。

　日本型雇用システムの特徴とされる⑦長期雇用制度、年功賃金制度および企業別組合は、すべてこの職務のない雇用契約という本質からそのコロラリー（論理的帰結）として導き出されます。

長期雇用制度

　まず、長期雇用制度とか終身雇用制度と呼ばれる仕組みについて考えましょう。もし日本以外の社会のように、具体的な職務を特定して雇用契約を締結するのであれば、企業の中でその職務に必要な人員のみを採用することになります⑱。仮に⑲技術革新や経済状況の変動でその職務に必要な人員が減少したならば、その雇用契約を解除する必要が出てきます。なぜならば、職務が特定されているために、その職務以外の労働をさせることができないからです。もちろん、アメリカという例外を除けば、ヨーロッパやアジアの多くの社会では使用者の解雇権は制約されています。正当な理由もないのに勝手に労働者を解雇することはできません。しかし、雇用契約で定められた職務がなくなったのであれば、それは解雇の正当な理由になります。仕事もないのに雇い続けろというわけにはいかない⑳からです。

　ところが、日本型雇用システムでは、雇用契約で職務が決まっていないのですから、ある職務に必要な人員が減少しても、別の職務で人員が足りなければ、その職務に異動させて雇用契約を維持することができます。別の職務への異動の可能性がある限り㉑、解雇が正当とされる⑦可能性は低くなります。もちろん、企業がたいへん厳しい経営状況にあって、絶対的に人員が過剰であれば、解雇が正当とされる⑦可能性は高まるでしょう。しかし、その場合でも、出向とか転籍といった形で、他の

②…における
⑤…とはa

⑦…する

⑱…ことになる
⑲…かりに

⑳…わけにはいかない

㉑…かぎり
⑦…する

⑦…する

企業において㉒雇用を維持する可能性が追求されることもあります。ここで最大の焦点になっているのはメンバーシップの維持です。

㉒…において

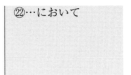

3．本文の内容に合わせて、以下の空欄を埋めてください。

（1）終身雇用、年功序列賃金、企業別組合は三種の神器とも＿＿＿＿＿＿＿る。

（2）契約は双方が約束をすることによって効力が＿＿＿＿＿＿＿。

（3）雇用契約は売買や賃貸借の契約とは＿＿＿＿＿＿＿る。

（4）雇用契約で労働の内容を明確に＿＿＿＿＿＿＿のが世界では一般的だ。

（5）労働者は雇用契約の範囲内の労働についてのみ義務を＿＿＿＿＿＿＿。

（6）日本では職務を特定せずに雇用契約を＿＿＿＿＿＿＿。

（7）労働者は企業の中のすべての労働に＿＿＿＿＿＿＿義務がある。

（8）ヨーロッパやアジアの多くの国では使用者の解雇権は＿＿＿＿＿＿＿いる。

Ⅱ 　**話す練習**（この文章の内容について、次の質問に答えてください。）

1．雇用契約というのはどのような契約ですか。売買契約や賃貸借契約と違うのはどんな点だと、筆者は述べていますか。
　　🔑 キーワード　労働、報酬／／モノ、ヒト、労働者の主体性

2．どのような雇用契約が世界で一般的だと、筆者は述べていますか。
　　🔑 キーワード　労働の種類、範囲内、義務、権利

3．日本の雇用契約の特徴はどんな点にあると、筆者は述べていますか。
　　🔑 キーワード　職務、一括、使用者の命令、メンバーシップ

4．日本で終身雇用制度が維持できる理由を、筆者はどのように説明していますか。

　　⇐ キーワード　職務 // 異動、出向・転籍

5．あなたの国では、企業での雇用契約は普通どのような内容になっていますか。そのいい点と悪い点は何ですか。この文章について、あなたはどのような感想・意見を持ちましたか。

Ⅲ　書く練習

Ⅰの2の「あげる」「むしろ」「する」「そもそも」「うる」「にたいして」「ことになる」「わけにはいかない」を使って、それぞれ一つずつ文を作ってください。

15. 日本型雇用システム（2）

年功賃金制度

　次に、年功賃金制度や年功序列制度について考えます。もし日本以外の社会のように、具体的な職務を特定して雇用契約を締結するのであれば、その職務ごとに賃金を定めることになります。そして同じ職務に従事している限り、その賃金額が自動的に上昇するということはあり得ません。もちろん実際にはある職務の中で熟練度が高まってくれば、その熟練度に応じて賃金額が上昇することは多く見られますし、それが勤続年数にある程度比例するという現象も観察されますが、賃金決定の原則が職務にあるという点では変わりありません。これが同一労働同一賃金原則と呼ばれるものの本質です。

　これに対して、日本型雇用システムでは、雇用契約で職務が決まっていないのですから、職務に基づいて賃金を決めることは困難です。もちろん、たまたまそのときに従事している職務に応じた賃金を支払うというやり方はあり得ます。しかし、そうすると、労働者は賃金の高い職務に就きたがり、賃金の低い職務には就きたがらなくなるでしょう。また、賃金の高い職務から賃金の低い職務に異動させようとしても、労働者は嫌がるでしょう。これでは、企業にとって必要な人事配置や人事異動ができなくなってしまいます。その結果、職務を異動させることで雇用を維持するという長期雇用制度も難しくなってしまいます。そのため、日本型雇用システムでは、賃金は職務とは切り離して決めることになります。その際、最も多く用いられる指標が勤続年数や年齢です。これを年功賃金制度といいます。これと密接に関連しますが、企業組織における地位に着目して、それが主として勤続年数に基づいて決定される仕組みを年功序列制度と呼ぶこともあります。

もっとも、現実の日本の賃金制度は、年功をベースとしながらも、人事査定によってある程度の差がつく仕組みです。そして、職務に基づく賃金制度に比べて、より広範な労働者にこの人事査定が適用されている点が大きな特徴でもあります。

企業別組合

　最後に企業別組合について見ましょう。もし日本以外の社会のように、具体的な職務を特定して雇用契約を締結するのであれば、労働条件は職務ごとに決められるのですから、労働者と使用者との労働条件に関する交渉も職務ごとに行うのが合理的です。そして、同じ職務である限り、どの企業に雇用されていても同じ労働条件であることが望ましいので、団体交渉[*1]は企業を超えた産業別のレベルで行われることになります。そこで、例えば金属産業の使用者団体と労働組合との間で、旋盤工の賃金は最低いくらという風に決めていって、それに基づいて各企業で（若干上乗せしたりしつつ）賃金を支払うという仕組みになります。

　これに対して、日本型雇用システムでは、雇用契約で職務が決まっていないのですから、職務ごとに交渉することは不可能です。しかも、賃金額は個別企業における勤続年数や年齢を基本にして決められるのですから、企業を超えたレベルで交渉してもあまり意味がありません。逆に、賃金決定が企業レベルで行われるのですから、交渉も企業の経営者と企業レベルの労働組合との間で行う必要があります。また、長期雇用制度の中で、経営の悪化にどう対処するかとか、労働者の異動をどう処理するかといった問題に労働組合が対応するためには、企業別の組織である必要があります。この必要性に対応する組織形態が企業別組合です。もっとも、企業別組合は賃金交渉では弱い面がありますので、春闘[*2]という形で企業を超えた連帯も行われてきました。

（濱口桂一郎『新しい労働社会―雇用システムの再構築へ』岩波新書 2009）

注　＊1　労働組合と使用者との間の交渉。
　　＊2　「春季闘争」の略。賃金の引き上げ等を求める、労働組合の闘争。毎年春（2月ごろ）に一斉に行われる。

I　漢字の読み方と語句の使い方

1．本文の漢字の読み方を下記で確認してください。

2．下線のある語句の意味と使い方を巻末の「語句の用例」で確認してください。

日本型雇用システム（2）

年功賃金制度

　次に、年功賃金制度や年功序列制度について考えます。もし日本以外の社会のように、具体的な職務を特定して雇用契約を締結するのであれば、その職務ごとに賃金を定めることになります①。そして同じ職務に従事している限り②、その賃金額が自動的に上昇するということはあり得ません③。もちろん実際にはある職務の中で熟練度が高まってくれば、その熟練度に応じて④賃金額が上昇することは多く見られますし、それが勤続年数にある程度比例するという現象も観察されますが、賃金決定の原則が職務にあるという点では変わりありません。これが同一労働同一賃金原則と呼ばれるものの本質です。

　これに対して⑤、日本型雇用システムでは、雇用契約で職務が決まっていないのですから、職務に基づいて⑥賃金を決めることは困難です。もちろん、たまたまそのときに従事している職務に応じた④賃金を支払うというやり方はあり得ます③。しかし、そうすると、労働者は賃金の高い職務に就きたがり、賃

①…ことになる
②…かぎり
③…うる

④…おうじるb

⑤…にたいして
⑥…もとづく

④…おうじるb
③…うる

金の低い職務には就きたがらなくなるでしょう。また、賃金の高い職務から賃金の低い職務に異動させようとしても、労働者は嫌がるでしょう。これでは⑦、企業にとって⑧必要な人事配置や人事異動ができなくなってしまいます。その結果、職務を異動させることで雇用を維持するという長期雇用制度も難しくなってしまいます。そのため、日本型雇用システムでは、賃金は職務とは切り離して決めることになります①。その際、最も多く用いられる指標が勤続年数や年齢です。これを年功賃金制度といいます。これと密接に関連しますが、企業組織における⑨地位に着目して、それが主として勤続年数に基づいて⑥決定される仕組みを年功序列制度と呼ぶこともあります。

　もっとも⑩、現実の日本の賃金制度は、年功をベースとしながら⑪、人事査定によって⑫ある程度の差がつく仕組みです。そして、職務に基づく⑥賃金制度に比べて、より広範な労働者にこの人事査定が適用されている点が大きな特徴でもあります。

⑦…では
⑧…にとって
①…ことになる
⑨…における
⑥…もとづく
⑩…もっとも
⑪…ながら
⑫…よるc
⑥…もとづく

企業別組合

　最後に企業別組合について見ましょう。もし日本以外の社会のように、具体的な職務を特定して雇用契約を締結するのであれば、労働条件は職務ごとに決められるのですから、労働者と使用者との労働条件に関する⑬交渉も職務ごとに行うのが合理的です。そして、同じ職務である限り②、どの企業に雇用されていても同じ労働条件であることが望ましいので、団体交渉は企業を超えた産業別のレベルで行われることになります①。そこで、例えば金属産業の使用者団体と労働組合との間で、旋盤工の賃金は最低いくらという風に決めていって、それに基づいて⑥各企業で（若干上乗せしたりしつつ⑭）賃金を支払うという仕組みになります。

　これに対して⑤、日本型雇用システムでは、雇用契約で職務

⑬…かんする
②…かぎり
①…ことになる
⑥…もとづく
⑭…つつ
⑤…にたいして

が決まっていないのですから、職務ごとに交渉することは不可能です。しかも、賃金額は個別企業における⑨勤続年数や年齢を基本にして決められるのですから、企業を超えたレベルで交渉してもあまり意味がありません。逆に、賃金決定が企業レベルで行われるのですから、交渉も企業の経営者と企業レベルの労働組合との間で行う必要があります。また、長期雇用制度の中で、経営の悪化にどう対処するかとか、労働者の異動をどう処理するかといった問題に労働組合が対応するためには、企業別の組織である必要があります。この必要性に対応する組織形態が企業別組合です。もっとも⑩、企業別組合は賃金交渉では弱い面がありますので、春闘という形で企業を超えた連帯も行われてきました。

⑨…における

⑩…もっとも

3．本文の内容に合わせて、以下の空欄を埋めてください。

（1）日本以外の社会では、職務を＿＿＿＿＿＿して雇用契約を締結する。

（2）職務ごとに賃金を＿＿＿＿＿＿。

（3）熟練度が＿＿＿＿＿＿ば、賃金は上昇する。

（4）職務によって賃金が決まるシステムは同一労働同一賃金と＿＿＿＿＿＿。

（5）労働者は賃金の高い職務に＿＿＿＿＿＿たがる。

（6）職務を異動させることで雇用を＿＿＿＿＿＿。

（7）日本では賃金額について企業を＿＿＿＿＿＿レベルで交渉してもあまり意味がない。

（8）経営の悪化や労働者の異動といった問題に＿＿＿＿＿＿には、労働組合は企業別でなければならない。

Ⅱ 話す練習 （この文章の内容について、次の質問に答えてください。）

1. 「日本以外の社会」では、賃金はどのように決められますか。
   - キーワード　職務、賃金 // 熟練度

2. 日本型雇用システムでは、賃金はどのように決められますか。
   - キーワード　賃金、職務 // 勤続年数・年齢、人事査定

3. 「日本以外の社会」では、団体交渉はどのように行われますか。それはなぜですか。
   - キーワード　産業別、使用者団体、労働組合 // 労働条件、職務

4. 日本型雇用システムでは、団体交渉はどのように行われますか。それはなぜですか。
   - キーワード　個別企業の経営者、個別企業の労働組合 // 雇用契約、職務 // 賃金額、個別企業での勤続年数や年齢

5. あなたの国では、労働者の賃金はどのように決められますか。また、団体交渉はどのように行われますか。この文章について、あなたはどのような感想・意見を持ちましたか。

Ⅲ 書く練習

1. Ⅰの2の「かぎり」「おうじるb」「もとづく」「では」「にとって」「もっとも」「ながら」「かんする」を使って、それぞれ一つずつ文を作ってください。

2. この文章（日本型雇用システム（1）（2））について、あなたの国の状況にも触れながら、感想・意見を800字〜1,200字で書いてください。

16. 日本的性別分業とM字型雇用カーブ

　女性のパートタイム就労は家事労働に深くかかわっている。家事労働は炊事、洗濯、掃除などの狭義の家事だけでなく、育児、介護、買い物、家計管理、家屋の保守、草木やペットの世話、衣服や寝具の収納と出し入れ、近所付き合い、地域の共同業務など多岐にわたる。日本では、男性のフルタイム労働者はこれらの家事労働をほとんどしない。その理由はあまりにも長時間働いていることにある。2011年の「社会生活基本調査」[*1]で配偶者のいる有業者[*2]の平日の平均家事時間（家事、介護・看護、育児、買い物の合計時間）を見れば、男性は23分、女性は4時間である。このように配偶者のいる女性は、家事労働をほとんど一手に引き受けているために、フルタイム労働者として働き続けることはむずかしい。

　男性の正社員が能動的な生活時間のほとんどすべてを会社に捧げるような働き方を求められているもとでは、女性の多くは結婚・出産後は、一時的にせよいわゆる専業主婦として家事に専念するか、パートタイム労働者として家事と勤めの二つのシフト[*3]を掛け持ちするしかない。正社員[*4]として働く場合も、男性の正社員並みに働くことは容易でない。企業はこうした性別分業の存在を前提に、女性を低賃金の使い捨て労働力として働かせるという雇用管理戦略を選択してきたのである。企業が女性パートタイム労働者を採用するのは、昔も今も、労働力の確保、労働コストの軽減、業務量の繁閑[*5]への対応、雇用の需給調整などのためであって、女性に雇用や社会参加の場を提供するためではない。

　そうした雇用戦略は、女性の年齢別労働力率を、結婚・出産期にいったん低下し、育児がある程度落ち着いた時期に再び上昇するというM字型カーブにしている。その点は女性のカーブが男性に近い台形を描く欧

米諸国とは異なる。

図3−5は、「労働力調査」の時系列データを用いて、1973年、93年、2013年の女性の年齢別労働力率を比較したものである。73年のカーブは25〜29歳で大きく落ち込む典型的なM字型を描いていた。93年のカーブも、ボトム[*6]が30〜34歳に移っているものの、20〜24歳と45〜49歳を左右のピークとするM字型カーブを描いて

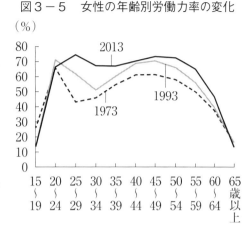

図3−5　女性の年齢別労働力率の変化

(注)　1968年は沖縄県分を含んでいない。
(出所)　総務省「労働力調査」時系列データより作成。

いる。ところが、13年のカーブを見ると、左右のピークと中間のボトムがともに押し上がって、M字型のくぼみが浅くなり、台形に近づいている。しかし、このことはM字型雇用カーブの解消を意味しない。

その証拠に、図3−6を見ると、正規労働者の年齢別労働力率は、結婚・出産の初期と重なる25〜29歳をピークに大きく下降している。他方、非正規労働者の労働力率は45〜49歳まで上昇している。このことは結婚・出産期にいったん離職した正規労働者の多くが、しばらくすると非正規労働者に移行することを示している。そのことを2014

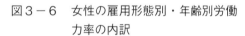
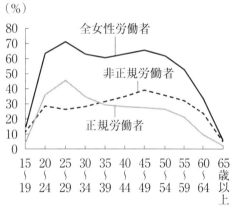

図3−6　女性の雇用形態別・年齢別労働力率の内訳

(出所)　総務省「労働力調査（詳細集計）」2012年平均結果。

年版『男女共同参画白書』[*7]は「女性の就業形態を見ると、男性に比べて若年層でも非正規雇用が多いことに加え、……正規雇用として働き始めた女性も、結婚、出産等とライフイベント[*8]を重ねるにつれて、徐々

に、非正規雇用、あるいは一時的な離職といった選択を行っていると考えられる」と解説している。

結婚までは正規雇用、結婚後は非正規雇用であっても、M字型の両方の山とあいだの谷がともにせり上がってきたことは、夫婦共働きが増えてきたことにほかならない。図3－7から明らかなように、1980年には共働き世帯が35％強、男性片働き世帯*9が65％弱を占めていた。しかし、92年を境に共働き世帯が多数になり、最近では共働きがごく普通になっている。

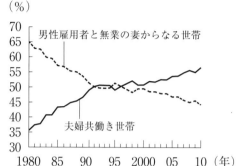

図3－7　夫婦共働き世帯比率の推移

(注) 雇用者は男女とも非農林業雇用者。
(出所) 内閣府、2012年版『男女共同参画白書』。

（森岡孝二『雇用身分社会』岩波新書　2015）

注　*1　国民の社会生活の実態を知るための基礎資料を得る目的で総務省が行う調査。1976年以来5年ごとに実施。
　　*2　仕事をして収入を得ている人。
　　*3　交替勤務（ここでは「家事と勤めの二つの仕事」）。(shift)
　　*4　正規雇用の社員（正規労働者）。
　　*5　忙しい時と暇な時。
　　*6　底。(bottom)
　　*7　男女共同参画社会基本法に基づき内閣府が毎年作成している報告書。
　　*8　人生の過程での大きな出来事。(life event)
　　*9　夫婦のうち夫だけが働いて収入を得ている世帯。

Ⅰ 漢字の読み方と語句の使い方

1. 本文の漢字の読み方を下記で確認してください。

2. 下線のある語句の意味と使い方を巻末の「語句の用例」で確認してください。

日本的性別分業とM字型雇用カーブ

　女性のパートタイム就労は家事労働に深くかかわっている①。家事労働は炊事、洗濯、掃除などの狭義の家事だけでなく、育児、介護、買い物、家計管理、家屋の保守、草木やペットの世話、衣服や寝具の収納と出し入れ、近所付き合い、地域の共同業務など多岐にわたる②。日本では、男性のフルタイム労働者はこれらの家事労働をほとんどしない。その理由はあまりにも③長時間働いていることにある。2011年の「社会生活基本調査」で配偶者のいる有業者の平日の平均家事時間（家事、介護・看護、育児、買い物の合計時間）を見れば、男性は23分、女性は4時間である。このように配偶者のいる女性は、家事労働をほとんど一手に引き受けているために、フルタイム労働者として働き続けることはむずかしい。

　男性の正社員が能動的な生活時間のほとんどすべてを会社に捧げるような働き方を求められているもとでは、女性の多くは結婚・出産後は、一時的にせよ④いわゆる⑤専業主婦として家事に専念するか、パートタイム労働者として家事と勤めの二つのシフトを掛け持ちするしかない⑥。正社員として働く場合も、男性の正社員並みに⑦働くことは容易でない。企業はこうした性別分業の存在を前提に⑧、女性を低賃金の使い捨て労働力として働かせるという雇用管理戦略を選択してきたのである。企業が女性パートタイム労働者を採用するのは、昔も今も、労働

①…かかわる a
②…わたる
③…あまり
④…にせよ
⑤…いわゆる
⑥…しかない
⑦…なみ
⑧…ぜんてい

力の確保、労働コストの軽減、業務量の繁閑への対応、雇用の需給調整などのためであって、女性に雇用や社会参加の場を提供するためではない。

そうした雇用戦略は、女性の年齢別労働力率を、結婚・出産期にいったん低下し、育児がある程度落ち着いた時期に再び上昇するというM字型カーブにしている。その点は女性のカーブが男性に近い台形を描く欧米諸国とは異なる。

図3-5は、「労働力調査」の時系列データを用いて、1973年、93年、2013年の女性の年齢別労働力率を比較したものである。73年のカーブは25〜29歳で大きく落ち込む典型的なM字型を描いていた。93年のカーブも、ボトムが30〜34歳に移っているものの⑨、20〜24歳と45〜49歳を左右のピークとするM字型カーブを描いている。ところが、13年のカーブを見ると、左右のピークと中間のボトムがともに押し上がって、M字型のくぼみが浅くなり、台形に近づいている。しかし、このことはM字型雇用カーブの解消を意味しない。

その証拠に、図3-6を見ると、正規労働者の年齢別労働力率は、結婚・出産の初期と重なる25〜29歳をピークに大きく下降している。他方、非正規労働者の労働力率は45〜49歳まで上昇している。このことは結婚・出産期にいったん離職した正規労働者の多くが、しばらくすると非正規労働者に移行することを示している。そのことを2014年版『男女共同参画白書』は「女性の就業形態を見ると、男性に比べて若年層でも非正規雇用が多いことに加え⑩、……正規雇用として働き始めた女性も、結婚、出産等と⑪ライフイベントを重ねるにつれて⑫、徐々に、非正規雇用、あるいは一時的な離職といった選択を行っていると考えられる」と解説している。

結婚までは正規雇用、結婚後は非正規雇用であっても、M字型の両方の山とあいだの谷がともにせり上がってきたことは、夫

⑨…ものの

⑩…くわえる
⑪…とb
⑫…につれて

婦共働きが増えてきたことにほかならない⑬。図3－7から明らかなように、1980年には共働き世帯が35％強、男性片働き世帯が65％弱を占めていた⑭。しかし、92年を境に共働き世帯が多数になり、最近では共働きがごく普通になっている。

⑬…ほかならない

⑭…しめる

3．本文の内容に合わせて、以下の空欄を埋めてください。
  （1）結婚している女性の多くは家事労働を一手に＿＿＿＿＿＿いる。
  （2）男性の正社員は生活時間のほとんどを会社に＿＿＿＿＿＿いる。
  （3）出産後は一時的に家事に＿＿＿＿＿＿する女性が多い。
  （4）女性の正社員が男性＿＿＿＿＿＿に働くのは難しい。
  （5）企業は労働力を＿＿＿＿＿＿するために女性のパートタイム労働者を採用している。
  （6）年齢別労働力率は25～29歳をピークに＿＿＿＿＿＿している。
  （7）非正規労働者の労働力率は45～49歳まで＿＿＿＿＿＿している。
  （8）離職した正規労働者の多くが非正規労働者に＿＿＿＿＿＿している。

II　話す練習 （この文章の内容について、次の質問に答えてください。）

1．女性のパートタイム就労と家事労働とのかかわりについて、筆者はどのように述べていますか。

　　キーワード　家事労働、多岐 // 男性のフルタイム労働者、長時間 // 女性、一手に、パートタイム

2．女性の多くは結婚・出産後は、どのような選択しかないと筆者は述べていますか。

　　キーワード　専業主婦、家事、専念 // パートタイム労働者、家事、勤め

3．企業が女性パートタイム労働者を採用する目的は何だと、筆者は述べていますか。
　　🗝 キーワード　労働力、労働コスト、業務量

4．企業の雇用戦略の結果、女性の年齢別労働力率はどのようになっていますか。
　　🗝 キーワード　結婚・出産期、低下、育児、上昇、M字型カーブ

5．女性の年齢別労働力率は、1973年、1993年、2013年ではどのような違いがありますか。図3－5を見ながら話してください。

6．筆者は、2013年のカーブは「台形に近づいている」が、これは「M字型雇用カーブの解消を意味しない」と述べています。その理由をどのように説明していますか。図3－6を見ながら話してください。

7．夫婦共働き世帯の比率はどのように変わりましたか。図3－7を見ながら話してください。

8．あなたの国にも「M字型雇用カーブ」がありますか。この文章について、あなたはどのような感想・意見を持ちましたか。

Ⅲ　書く練習

1．Ⅰの2の「わたる」「あまり」「にせよ」「いわゆる」「なみ」「ものの」「くわえる」「につれて」を使って、それぞれ一つずつ文を作ってください。

2．この文章について、あなたの国の状況にも触れながら、感想・意見を800字～1,200字で書いてください。

17. どうする？ 長時間労働

　電通*1の新入社員が過労自殺した*2問題は強制捜査にまで発展し、社会に大きな波紋を広げている。政府は労働時間削減を含む「働き方改革」に取り組むが、日本人の長時間労働は本当になくせるのか？ 長時間労働が常態化する労働の現場から、今後の働き方を考える。

　「心がつぶれるのが先か、体がつぶれるのが先か」。
　2012年1月、電通のグループ会社で働いていた30代の女性は、涙ながらに上司に異動を願い出た。
　営業として深夜まで残業する毎日。午後5時半の定時*3間際に始まったクライアント*4との会議で新たな提案を求められ、その後直接、協力会社に出向いて打ち合わせをする。帰社後、朝方までかかって新しい提案書を作成することも珍しくなかった。職場の慣例で残業時間を申告する際には午後8時以降の労働時間を記入するようにしていたが、それでも繁忙期の平均残業時間は月100時間をゆうに超えた。

残らないと低評価

　異動後、女性は残業時間を減らしながら目標を達成しようと工夫を重ねた。「なんとなく」で会社に残り続けることをやめ、「自分の業務ではない」と感じた仕事は頼まれても断った。残業代分の給料は減ったが、成果は変えずに毎日午後7時前に退社。会社にとっては生産性の高い社員のはずだが、「余裕がある」と見られた上に能力を最大限に発揮していないとの評価を受け、賞与の査定は1ランク下げられた。
　ただ、今回の電通問題については電通に同情的だ。親会社である同社*5の社員と同じチームで仕事をしたこともあるが、電通1社が長時間

労働をやめても、取引先の体質が変わらなければ効果がないとみる。

「私たち吉牛（吉野家*6 の牛丼）みたいだね、って、仲間とよく自嘲してました。クライアントからは安い・早い・うまいを求められる。『できません』と言って代理店を代えられたら、と思うと引き受けるしかない。電通だけが午後10時で退社しても、持ち出しのサービス残業が増えるのではないか」。

「守られぬ約束」

長時間労働の根は深い。残業をやる気と見る*7 企業風土、取引先との関係性から長時間労働を強いられるケースだけでなく、自ら引き受けてしまうケースも少なくない。

「何でも白黒はっきり付けたがる*8 んだなあ」。

12年10月、東京都内の人材サービス会社に勤めていた女性（34）は、信頼していた上司の言葉に心が折れた。この上司に引き抜かれ、長時間労働から抜け出すために転職した先で、またも長時間労働を強いられた。「約束と違う。体が持たない」と訴え続けたが、上司との面談が始まるのも午後11時を回ってからという有り様。上司の困ったような言葉で、「守ってもらえないのだ」と悟った。病院で過労と診断され、退職した。

前職はIT関連会社の営業職。朝9時に出社して取引先を回り、夜は日付が変わるころまで会議、その後にたまったオフィス業務をこなすと午前3時を回る日もあった。タクシー代節約のため会社の近くに引っ越した。友人との予定は、断るのが苦痛なので入れなくなった。多少の体調不良なら、病院へ行くよりも睡眠を優先させた。

自らつぶす選択肢

心身ともに疲れ果て、それでも早くは帰れなかったのだろうか。

「赤字部門の営業が、何をしたら大手を振って*9 帰れるんだろうと考

えてました」。女性はうつむき、言葉を選ぶ。「無限に努力する姿勢を見せることが会社への貢献だと思った。組織で働くとはそういうものだと思い込んでいた」。

電通問題後、フリーイラストレーター*10が描いた漫画がネット上で話題になった。退職、転職、サボる、休む――といった本来あるはずのいくつもの選択肢を、真面目な人ほど自ら塗りつぶしてしまい、長時間労働によって思考力や視野を奪われていく心象風景が描かれている。「あれは私のことだった。途中で引き返し、本当によかった」。

女性は13年1月から今の勤め先で新しいスタートを切った。評価とやりがい、働きやすさも感じているが、それでも時折考えてしまう。「どんな会社でも活躍できる人はいる。私の働き方が悪かったのかも。罪悪感と敗北感が残っています」。

（2016年11月25日付『毎日新聞』）

注 ＊1　企業（広告代理店）名。(DENTSU)
＊2　2015年12月に発生。
＊3　終業時刻
＊4　顧客（ここでは広告主）。(client)
＊5　その会社（ここでは電通）
＊6　企業（外食チェーンストア）名。
＊7　残業をしていると、「やる気（仕事への積極性）がある）」と見る。
＊8　何でもあいまいにしないで、はっきりさせたがる。
＊9　遠慮しないで堂々と。
＊10　どこにも所属していないイラストレーター。(free illustrator〔和製英語〕)

I 漢字の読み方と語句の使い方

1．本文の漢字の読み方を下記で確認してください。

2．下線のある語句の意味と使い方を巻末の「語句の用例」で確認してください。

どうする？ 長時間労働

　電通の新入社員が過労自殺した問題は強制捜査にまで発展し、社会に大きな波紋を広げている。政府は労働時間削減を含む「働き方改革」に取り組む①が、日本人の長時間労働は本当になくせるのか？ 長時間労働が常態化する労働の現場から、今後の働き方を考える。

　「心がつぶれるのが先か、体がつぶれるのが先か」。
　2012年1月、電通のグループ会社で働いていた30代の女性は、涙ながらに上司に異動を願い出た。
　営業として深夜まで残業する毎日。午後5時半の定時間際に始まったクライアントとの会議で新たな提案を求められ、その後直接、協力会社に出向いて打ち合わせをする。帰社後、朝方まで かかって新しい提案書を作成することも珍しくなかった。職場の慣例で残業時間を申告する際には午後8時以降の労働時間を記入するようにしていたが、それでも繁忙期の平均残業時間は月100時間をゆうに超えた。

残らないと低評価

　異動後、女性は残業時間を減らしながら目標を達成しようと工夫を重ねた。「なんとなく」で会社に残り続けることをやめ、「自分の業務ではない」と感じた仕事は頼まれても断った。残

①…とりくむ

業代分②の給料は減ったが、成果は変えずに③毎日午後7時前に退社。会社にとっては④生産性の高い社員のはずだが、「余裕がある」と見られた上に⑤能力を最大限に発揮していないとの⑥評価を受け、賞与の査定は1ランク下げられた。

ただ、今回の電通問題については電通に同情的だ。親会社である同社の社員と同じチームで仕事をしたこともあるが、電通1社が長時間労働をやめても、取引先の体質が変わらなければ効果がないとみる。

「私たち吉牛（吉野家の牛丼）みたいだね、って、仲間とよく自嘲してました。クライアントからは安い・早い・うまいを求められる。『できません』と言って代理店を代えられたら、と思うと引き受けるしかない⑦。電通だけが午後10時で退社しても、持ち出しのサービス残業が増えるのではないか⑧」。

②…ぶん
③…ず
④…にとって
⑤…うえ
⑥…との

⑦…しかない
⑧…のではないか

「守られぬ約束」

長時間労働の根は深い。残業をやる気と見る企業風土、取引先との関係性から長時間労働を強いられるケースだけでなく、自ら引き受けてしまうケースも少なくない。

「何でも白黒はっきり付けたがるんだなあ」。

12年10月、東京都内の人材サービス会社に勤めていた女性（34）は、信頼していた上司の言葉に心が折れた。この上司に引き抜かれ、長時間労働から抜け出すために転職した先で、またも長時間労働を強いられた。「約束と違う。体が持たない」と訴え⑨続けたが、上司との面談が始まるのも午後11時を回ってからという有り様。上司の困ったような言葉で、「守ってもらえないのだ」と悟った。病院で過労と診断され、退職した。

前職はIT関連会社の営業職。朝9時に出社して取引先を回り、夜は日付が変わるころまで会議、その後にたまったオフィス業務をこなす⑩と午前3時を回る日もあった。タクシー代節

⑨…うったえる

⑩…こなす

約のため会社の近くに引っ越した。友人との予定は、断るのが苦痛なので入れなくなった。多少の体調不良なら、病院へ行くよりも睡眠を優先させた。

自らつぶす選択肢

心身ともに疲れ果て、それでも早くは帰れなかったのだろうか。

「赤字部門の営業が、何をしたら大手を振って帰れるんだろうと考えてました」。女性はうつむき、言葉を選ぶ。「無限に努力する姿勢を見せることが会社への貢献だと思った。組織で働くとはそういうものだと思い込んでいた⑪」。

電通問題後、フリーイラストレーターが描いた漫画がネット上で話題になった。退職、転職、サボる、休む——といった本来⑫あるはずのいくつもの選択肢を、真面目な人ほど⑬自ら塗りつぶしてしまい、長時間労働によって⑭思考力や視野を奪われていく心象風景が描かれている。「あれは私のことだった。途中で引き返し、本当によかった」。

女性は13年1月から今の勤め先で新しいスタートを切った。評価とやりがい、働きやすさも感じているが、それでも時折考えてしまう。「どんな会社でも活躍できる人はいる。私の働き方が悪かったのかも。罪悪感と敗北感が残っています」。

⑪…おもいこむ

⑫…ほんらい
⑬…ほどc
⑭…よるb

3．本文の内容に合わせて、以下の空欄を埋めてください。

（1）残業時間を減らしながら目標を達成しようと工夫を＿＿＿＿＿た。

（2）女性は能力を十分＿＿＿＿＿と評価された。

（3）日本企業の長時間労働の根は＿＿＿＿＿。

（4）女性は「白黒をはっきり＿＿＿＿＿たがる」と上司に言われた。

（5）女性は「これでは体が＿＿＿＿＿」と上司に訴えた。

（6）時間がないので友人との予定は＿＿＿＿＿ないようにした。

（7）赤字部門の営業だったので、大手を＿＿＿＿＿＿＿＿て帰れなかった。

（8）13年1月から新しい勤め先でスタートを＿＿＿＿＿＿＿＿。

Ⅱ　話す練習（この文章の内容について、次の質問に答えてください。）

1．異動を願い出た30代の女性の残業時間はどのようなものでしたか。
　　🔑 キーワード　毎日、深夜 // 午後8時以降、繁忙期、月100時間

2．異動後、その女性はどのような姿勢で仕事をしましたか。会社からの評価はどうでしたか。
　　🔑 キーワード　残業時間、目標、自分の業務、午後7時前 // 余裕、能力、賞与

3．その女性が「電通問題については電通に同情的」なのはなぜですか。
　　🔑 キーワード　電通1社、長時間労働、取引先の体質、効果

4．人材サービス会社に勤めていた女性は、どうしてその会社を退職しましたか。
　　🔑 キーワード　上司、引き抜く、長時間労働、転職 // 長時間労働、約束、上司 // 病院、過労

5．その女性は、前の会社では、どのような状況でしたか。「早く帰れなかった」理由について、どのように述べていますか。
　　🔑 キーワード　IT関連会社の営業、朝9時、取引先 // 夜、12時、会議 // オフィス業務、午前3時 // 赤字部門の営業、無限に努力、会社への貢献

6．「あれは私のことだった」と女性が言う漫画には、どのような「心象風景」がかかれていますか。
　　🔑 キーワード　退職、転職、サボる、休む、選択肢、真面目な人 // 長時間労働、思考力、視野

7．あなたの国にも「長時間労働」という問題がありますか。あるとしたら、それに対する政府や社会の対応はどうですか。この文章について、あなたはど

のような感想・意見を持ちましたか。

Ⅲ 書く練習

1．Ⅰの2の「とりくむ」「ぶん」「ず」「うえ」「との」「しかない」「おもいこむ」「ほどc」を使って、それぞれ一つずつ文を作ってください。

2．この文章について、あなたの国の状況にも触れながら、感想・意見を800字〜1,200字で書いてください。

18. なぜコミュニケーション能力か

企業の9割重視

「相手の目を見てはっきり話す。印象はかなり違うよ」。人材コンサルタントの声が飛ぶ。東京都内の人材支援会社。就職活動中の青山学院大4年の男子学生は定期的に面接指導を受けている。「ボディーランゲージ*1 も使い適度な声量で話す。コミュ障*2（他人との付き合いが苦手なこと）ですが、コツはつかめてきました」。

面接でうまく振る舞いたい。就活生*3 がそう望むのは企業から求められていると考えるためだ。経団連の企業調査によると新卒採用選考で特に重視する要素は、コミュニケーション能力が13年連続首位。2016年卒採用では約9割が挙げた（図）。

これは国際的には特異だ。人材サービス大手アデコ*4（スイス）が主要13カ国の若者9,500人に行った調査によると「将来の職業のため準備する必要があるスキル」は日本ではコミュニケーション能力が53％とトップだが、他国は実務経験など、より具体的な能力が重視される。「必要なスキルを身につけている」と考えるのは日本が32％と最低だ。

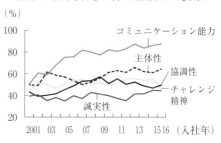

企業が新卒採用で特に重視した要素
※経団連「新卒採用に関するアンケート調査」

人材戦略の欠如

なぜコミュニケーション能力がもてはやされるのか。科学的アプローチから採用を研究する横浜国立大学大学院国際社会科学研究院の服部泰宏准教授は、日本の雇用慣行である新卒一括採用*5 のあり方が関わっていると説明する。

新卒一括採用は、社会人経験のない学生について将来の仕事で発揮できる能力を推測するという、不確実な作業だ。特に文系は仕事で必要な能力は必ずしも大学で学ぶ内容とつながらないことが多い。

　では何を基準に評価するのか。20〜30年前までは「学歴」がひとつの指標だった。企業は、偏差値が高い大学[*6]の出身者は仕事でも戦力になるとみなし、入社後のキャリアを歩むなかで能力を発揮することを期待した。右肩上がりの経済下では、経営者が正しく判断し、社員がそれについていけば成長できるという経験則があった。

　だが、環境は様変わりする。1980年代後半に25％程度だった大学進学率は09年に50％を超え、大学教育は大衆化した。経済成長が鈍化し、偏差値の高い大学出身者でも仕事で活躍できるかどうか、ばらつきが大きいことも浮き彫りになってきた。

　企業が新たな指標を模索するなかで浮上したのがコミュニケーション能力というわけだ。服部准教授は「特にそれが重要になってきたわけではなく、具体的な能力を求められないなか、結果的に残った」とみる。同様に注目された要素は主体性、チャレンジ精神、協調性、誠実性などがあるが、いずれも「あいまいだが、誰しもわかった気になる」点で共通する。この背景には人材戦略の不在があるという。「どんな人材を求めるのか、企業が言語化して説明できないことに問題がある」。

多様な評価模索

　コミュニケーション能力の受け止め方は人によりまちまちで定義しにくい。だが、一見わかりやすいぶん、採用担当者もその中身を突き詰めては考えない。その結果、誰でも納得できるような学生に内定[*7]が集中する弊害を生んだ。一方、企業の採用選考は似通ったものになり、学生側は面接対策など「模範解答」を準備するようになった。こうなると、受け答えが良すぎる学生について、採用担当者が「かえって不自然だ」

と疑う現象も出るなど、選考の軸自体もぶれてきた。

　そもそもコミュニケーション能力が潜在力をみる指標として適切かどうかも疑わしい。米国の著名な人材専門家ブラッドフォード・スマート氏[*8]の研究によると、人材能力のうち、コミュニケーション能力は比較的簡単に変化し、努力により向上する（表）。

人材能力の変化のしやすさ

簡単に変わりやすい	変わりにくい	非常に変わりにくい
コミュニケーション能力	判断能力	知能
リスクに対する志向性	戦略的スキル	創造性
最先端であること	ストレスマネジメント	概念的能力
自己に対する認識	適応力	部下の鼓舞
第一印象	チームプレー	エネルギー
顧客志向	交渉スキル	情熱
コーチング能力	組織作り	野心
目標設定	変革のリーダーシップ	粘り強さ

※ブラッドフォード・スマート氏の研究から抜粋

　こうした弊害から、ここ数年、企業にはコミュニケーション能力一辺倒から脱する動きも進む。人手不足で採用ニーズが高まっていることや、インターンシップなど企業と学生とが接点を持つ手段が広がったこともあり、新たな採用手法を取り入れる流れができつつある。

　新卒採用支援のアイプラグ[*9]（大阪市淀川区）は２月、企業が客観データに基づき将来活躍できそうな学生を効率的に探せるサービスを始めた。同社が運営する新卒採用サイト「オファーボックス[*10]」の会員になっている学生と企業の現役社員の双方に適性検査を受けてもらい、企業は自社で活躍している社員と志向や行動特性が似ている学生を見付け、選考に勧誘する。

　逆に、形式的に判断するのではなく、学生との深いつながりを重視する企業もある。タクシー大手の国際自動車[*11]（東京都港区）の新卒採用は、エントリーシート[*12]不要、服装自由、面接廃止を打ち出すユニークな手法だ。選考ではなく、学生と対話しながら、その思いや個性に合う

仕事を一緒に考える「キャリアカウンセリング*13」と位置づける。

　採用コンサルタントの谷出正直さんは「似たような人材を求めるのは企業にとっても学生にとっても消耗戦になる。売り手市場のなか、採用は多様化が進んでいる」と話す。

（2017年5月22日付『毎日新聞』）

注　*1　身ぶりや手ぶり。（body language）
　　*2　「コミュニケーション障害」の略。
　　*3　就職活動をしている学生。
　　*4　企業名。（Adecco）
　　*5　企業等がその年度の卒業予定者を対象に採用試験を行い、合格者全員を卒業と同時に採用すること。
　　*6　大学受験生全体の中で成績順位の高い者が合格している大学。
　　*7　卒業したら採用するという約束。
　　*8　Bradford D. Smart（1944－　）
　　*9　企業名。（i-plug）
　　*10　（OfferBox）
　　*11　企業名。
　　*12　就職を希望する企業に、必要事項（氏名、連絡先、大学名、志望の動機、将来への抱負等）を記入して提出する書類。（entry sheet）
　　*13　（career counseling）

I 漢字の読み方と語句の使い方

1．本文の漢字の読み方を下記で確認してください。

2．下線のある語句の意味と使い方を巻末の「語句の用例」で確認してください。

なぜコミュニケーション能力か

企業の9割重視

「相手の目を見てはっきり話す。印象はかなり違うよ」。人材コンサルタントの声が飛ぶ。東京都内の人材支援会社。就職活動中の青山学院大4年の男子学生は定期的に面接指導を受けている。「ボディーランゲージも使い適度な声量で話す。コミュ障（他人との付き合いが苦手なこと）ですが、コツはつかめてきました」。

面接でうまく振る舞いたい。就活生がそう望むのは企業から求められていると考えるためだ。経団連の企業調査によると①新卒採用選考で特に重視する要素は、コミュニケーション能力が13年連続首位。2016年卒採用では約9割が挙げた②（図）。

これは国際的には特異だ。人材サービス大手アデコ（スイス）が主要13カ国の若者9,500人に行った調査によると①「将来の職業のため準備する必要があるスキル」は日本ではコミュニケーション能力が53％と③トップだが、他国は実務経験など、より具体的な能力が重視される。「必要なスキルを身につけている」と考えるのは日本が32％と③最低だ。

人材戦略の欠如

なぜコミュニケーション能力がもてはやされるのか。科学的アプローチから採用を研究する横浜国立大学大学院国際社会科

①…によると

②…あげる

①…によると

③…とb

③…とb

学研究院の服部泰宏准教授は、日本の雇用慣行である新卒一括採用のあり方が関わっている④と説明する。

新卒一括採用は、社会人経験のない学生について将来の仕事で発揮できる能力を推測するという、不確実な作業だ。特に文系は仕事で必要な能力は必ずしも⑤大学で学ぶ内容とつながらない⑥ことが多い。

では何を基準に評価するのか。20～30年前までは「学歴」がひとつの指標だった。企業は、偏差値が高い大学の出身者は仕事でも戦力になるとみなし⑦、入社後のキャリアを歩むなかで能力を発揮することを期待した。右肩上がりの経済下では、経営者が正しく判断し、社員がそれについていけば成長できるという経験則があった。

だが、環境は様変わりする。1980年代後半に25％程度だった大学進学率は09年に50％を超え、大学教育は大衆化した。経済成長が鈍化し、偏差値の高い大学出身者でも仕事で活躍できるかどうか、ばらつきが大きいことも浮き彫りになって⑧きた。

企業が新たな指標を模索するなかで浮上したのがコミュニケーション能力というわけだ。服部准教授は「特にそれが重要になってきたわけではなく⑨、具体的な能力を求められないなか、結果的に残った」とみる。同様に注目された要素は主体性、チャレンジ精神、協調性、誠実性などがあるが、いずれも「あいまいだが、誰しもわかった気になる」点で共通する。この背景には人材戦略の不在があるという⑩。「どんな人材を求めるのか、企業が言語化して説明できないことに問題がある」。

多様な評価模索

コミュニケーション能力の受け止め方は人により⑪まちまちで定義しにくい。だが、一見わかりやすいぶん⑫、採用担当者もその中身を突き詰めては考えない。その結果⑬、誰でも納得で

④…かかわる a

⑤…かならずしも

⑥…つながる

⑦…みなす

⑧…うきぼり

⑨…わけではない

⑩…という

⑪…よる c

⑫…ぶん

⑬…けっか

きるような学生に内定が集中する弊害を生んだ。一方⑭、企業の採用選考は似通ったものになり、学生側は面接対策など「模範解答」を準備するようになった。こうなると、受け答えが良すぎる学生について、採用担当者が「かえって⑮不自然だ」と疑う現象も出るなど、選考の軸自体もぶれてきた。

　そもそも⑯コミュニケーション能力が潜在力をみる指標として適切かどうかも疑わしい。米国の著名な人材専門家ブラッドフォード・スマート氏の研究によると①、人材能力のうち、コミュニケーション能力は比較的簡単に変化し、努力により⑰向上する（表）。

　こうした弊害から、ここ数年、企業にはコミュニケーション能力一辺倒から脱する動きも進む。人手不足で採用ニーズが高まっていることや、インターンシップなど企業と学生とが接点を持つ手段が広がったこともあり⑱、新たな採用手法を取り入れる流れができつつある⑲。

　新卒採用支援のアイプラグ（大阪市淀川区）は2月、企業が客観データに基づき⑳将来活躍できそうな学生を効率的に探せるサービスを始めた。同社が運営する新卒採用サイト「オファーボックス」の会員になっている学生と企業の現役社員の双方に適性検査を受けてもらい、企業は自社で活躍している社員と志向や行動特性が似ている学生を見付け、選考に勧誘する。

　逆に、形式的に判断するのではなく、学生との深いつながりを重視する企業もある。タクシー大手の国際自動車（東京都港区）の新卒採用は、エントリーシート不要、服装自由、面接廃止を打ち出す㉑ユニークな手法だ。選考ではなく、学生と対話しながら、その思いや個性に合う仕事を一緒に考える「キャリアカウンセリング」と位置づける㉒。

　採用コンサルタントの谷出正直さんは「似たような人材を求めるのは企業にとっても㉓学生にとっても㉓消耗戦になる。売り

⑭…いっぽう

⑮…かえって

⑯…そもそも

①…によると
⑰…よるa

⑱…ある
⑲…つつある

⑳…もとづく

㉑…うちだす

㉒…づける

㉓…にとって
㉓…にとって

手市場のなか、採用は多様化が進んでいる」と話す。

3．本文の内容に合わせて、以下の空欄を埋めてください。

（1）指導を受けて、面接のコツを＿＿＿＿＿＿＿ことができた。

（2）日本では、「将来の職業に必要なスキルを＿＿＿＿＿＿＿いる」と考えている若者は少ない。

（3）企業は、キャリアを歩む中で能力を＿＿＿＿＿＿＿することを期待した。

（4）コミュニケーション能力を重視したために、特定の学生に内定が集中する弊害を＿＿＿＿＿＿＿。

（5）受け答えが良すぎる学生を採用担当者が「不自然だ」と疑う現象も出て、選考の軸が＿＿＿＿＿＿＿てきた。

（6）人手不足で採用ニーズが＿＿＿＿＿＿＿いる。

（7）企業と学生とが接点を＿＿＿＿＿＿＿手段が広がった。

（8）企業の採用は多様化が＿＿＿＿＿＿＿いる。

II　話す練習 （この文章の内容について、次の質問に答えてください。）

1．面接でうまく振る舞いたいと就活生が望むのはなぜだと、筆者は述べていますか。

　🔑 キーワード　企業 // 経団連の調査、新卒採用選考、コミュニケーション能力、13年連続首位、2016年卒採用、9割

2．コミュニケーション能力が重視されるのは「国際的には特異だ」と筆者が述べているのはなぜですか。

　🔑 キーワード　人材サービス会社、主要13か国、若者、調査 // 日本、コミュニケーション能力、トップ、他国、具体的な能力

3．コミュニケーション能力が重視される理由を、服部准教授はどのように説明していますか。
   - キーワード　新卒一括採用、社会人経験、不確実な作業 // 「学歴」、偏差値の高い大学、入社後のキャリア、能力 // 大学教育、大衆化、ばらつき、新たな指標、コミュニケーション能力 // 背景、人材戦略

4．コミュニケーション能力を重視することの弊害について、筆者はどのように述べていますか。
   - キーワード　誰でも納得できるような学生 // 「模範解答」、不自然、選考の軸 // スマート氏の研究、コミュニケーション能力、簡単に変化

5．アイプラグが取り入れている新卒採用の方法はどのようなものですか。
   - キーワード　会員の学生、企業の現役社員、適性検査 // 志向、行動特性、勧誘

6．国際自動車はどのように新卒採用を行っていますか。
   - キーワード　対話、思い・個性、一緒に考える、「キャリアカウンセリング」

7．あなたの国では就職や採用選考はどのような手続きで行われていますか。その際、どのような能力が重視されますか。この文章について、あなたはどのような感想・意見を持ちましたか。

Ⅲ　書く練習

1．Ⅰの2の「によると」「とb」「かならずしも」「みなす」「うきぼり」「けっか」「ある」「つつある」を使って、それぞれ一つずつ文を作ってください。

2．この文章について、あなたの国の状況にも触れながら、感想・意見を800字～1,200字で書いてください。

V

科学技術と人間

19. インターネットの隆盛

　現代社会の特徴を最も真っ正直に表しているのがインターネットである。ＩＴ技術がもたらした通信革命は、これまで不可能であった自己表現を可能にしただけでなく、心情の変化をも加速していると思われるからだ。

　まず、ブログという自己表現（自己宣伝？）の場が実現した。自分の日記や感想や思い入れを自由気ままに書き、それを公開するという点において歴史上全く初めての経験と言える。誰が読むかわからないけれど（読者からの反応を得ることでどのような人物が読んでくれているかもわかるようになったが）、とにかく語りかけることが可能になった。閉じた自分から、開かれた自分へと転換する契機が得られたのである。公開することを初めから前提としたブログの日記は、人に読まれないことを前提とした日記とは大いに異なっている。自己を装ったり弁護したり、あるいは演技をしたり批判したりと、多様なパフォーマンスを展開することができるからだ。舞台に立った気分で自己表現をしている気分になれるのである。

　むろん、これまで自分の意見を表明する手段を持てなかった人たちも声を挙げることができるようになり、「声なき声」[*1]でなくなったという点では画期的である。一人では小さい声であっても、それが結集して大きな声に変わる可能性が開かれたからだ。さらに、ＮＧＯやＮＰＯなど交流の場ができたことによって、政治や社会に影響を与え得る勢力へと育っていることも高く評価すべきだろう。インターネットという、社会に顔を見せる窓口が増えたのだから人間を解放する手段として歓迎すべきものであるのは確かである。

　しかし、現実においては、むしろ自己中心主義が強くなっているよう

に感じている。他人を意識する分だけ社会性が高まったというわけではなく、自分はこうなのだと居直り、自己を正当化することが常態になっているからだ。プライバシーを公開しているように見せかけながら、それは自分で作り上げた虚像でしかない。検証しないで一方的に断じることができ、他人を意識せず自己陶酔に浸ることもできる。自己本位の世界が自由に創作可能という意味で、かえって個人に閉じた空間になっている側面もあるのではないだろうか。例えば、自殺へと誘い込むサイトがあり、ポルノを自由に閲覧できるサイトが開設され、幼児の死体を展覧していたサイトもあった。倫理意識が希薄になり、一面的なものの見方を露骨に表現しているのだ。このような自己中心主義の態度が疑似科学を増殖し、はびこらせる素地になっていると思っている。

インターネットのもう一つの問題点は、「２ちゃんねる」[*2]をはじめとする、匿名で書き込みが可能なサイトが設けられ、それがよりいっそう無責任体質を許容することにつながっていることである。匿名であるということは、自分の言動の責任を棚上げにしたまま（つまり自分の安全性は確保しておいて）、他人を容赦なく非難できる状態を可能にする。多数の観客の中の誰かが野卑なヤジを飛ばしても問題にされないのと同じで、典型的な観客民主主義の場が提供されていると言えよう。そこでは、身勝手な解釈で他人を誹謗したり、物知り顔で自分の知識をひけらかしたり、検証抜きで一方的に断定したりする。他人の心情への想像をいっさい欠いたまま、臆面もなく断罪することが可能になっているのだ。イラクにボランティアで行き拉致された人を非難する言葉がインターネットに溢れたことを思い出せば良くわかるだろう。

当然ながら、疑似科学も隆盛である。まことしやかに怪しげな「科学」が語られ、それに意気投合する人々も登場して盛り上がることもしばしば見受けられる。私には匿名同士の会話になぜ興味が惹かれるのか疑問なのだが、本音が出せることで日常のストレスが解消されるのかもしれ

ない。自己本位であることがむしろ奨励された世界なのである。そこでは正当な批判は嫌われこそすれ歓迎されることはない。

　科学の修練には積み上げが必要であり、それには長い訓練の時間を要する。基礎的な学習から自立まで、数年間の訓練を経なければならないからだ。ところが、インターネットによって「瞬間」で世界とつながることに馴れると、時間を使う営みが時代遅れに見えてしまう。疑いを持ち、考え得るすべての可能性を検討する時間を無駄とみなし、直ちにシロ・クロの決着を明確につける方を高く評価する。そうでなければチャットができないこともある。それは疑似科学との相性が良いことを意味している。インターネットが現代科学の粋でありながら、科学の否定ともつながっているのは皮肉なことである。

（池内　了『疑似科学入門』岩波新書 2008）

注　＊1　意見表明をする手段を持たない人々の意見。
　　＊2　サイト名。

I　漢字の読み方と語句の使い方

1．本文の漢字の読み方を下記で確認してください。

2．下線のある語句の意味と使い方を巻末の「語句の用例」で確認してください。

インターネットの隆盛(りゅうせい)

　現代社会の特徴を最も真っ正直に表しているのがインターネットである。IT技術がもたらした①通信革命は、これまで不可能であった自己表現を可能にしただけでなく、心情の変化をも加速していると思われるからだ。

　まず、ブログという自己表現（自己宣伝？）の場が実現した。自分の日記や感想や思い入れを自由気ままに書き、それを公開するという点において②歴史上全く初めての経験と言える。誰が読むかわからないけれど（読者からの反応を得ることでどのような人物が読んでくれているかもわかるようになったが）、とにかく③語りかけることが可能になった。閉じた自分から、開かれた自分へと④転換する契機⑤が得られたのである。公開することを初めから前提とした⑥ブログの日記は、人に読まれないことを前提とした⑥日記とは大いに異なっている。自己を装ったり弁護したり、あるいは演技をしたり批判したりと④、多様なパフォーマンスを展開することができるからだ。舞台に立った気分で自己表現をしている気分になれるのである。

　むろん、これまで自分の意見を表明する手段を持てなかった人たちも声を挙げることができるようになり、「声なき声」でなくなったという点では画期的である。一人では小さい声であっても、それが結集して大きな声に変わる可能性が開かれたからだ。さらに、NGOやNPOなど交流の場ができたことによって⑦、政治や社会に影響を与え得る⑧勢力へと④育っていることも高

①…もたらす

②…において

③…とにかく

④…とb
⑤…けいき
⑥…ぜんてい
⑥…ぜんてい
④…とb

⑦…よるb
⑧…うる
④…とb

く評価すべきだろう。インターネットという、社会に顔を見せる窓口が増えたのだから人間を解放する手段として歓迎すべきものであるのは確かである。

　しかし、現実においては②、むしろ⑨自己中心主義が強くなっているように感じている。他人を意識する分⑩だけ⑪社会性が高まったというわけではなく⑫、自分はこうなのだと⑬居直り、自己を正当化することが常態になっているからだ。プライバシーを公開しているように見せかけながら⑭、それは自分で作り上げた虚像でしかない⑮。検証しないで一方的に断じることができ、他人を意識せず⑯自己陶酔に浸ることもできる。自己本位の世界が自由に創作可能という意味で、かえって⑰個人に閉じた空間になっている⑱側面もあるのではないだろうか⑲。例えば、自殺へと誘い込むサイトがあり、ポルノを自由に閲覧できるサイトが開設され、幼児の死体を展覧していたサイトもあった。倫理意識が希薄になり、一面的なものの見方を露骨に表現しているのだ。このような自己中心主義の態度が疑似科学を増殖し、はびこらせる素地になっている⑱と思っている。

　インターネットのもう一つの問題点は、「2ちゃんねる」をはじめとする⑳、匿名で書き込みが可能なサイトが設けられ、それがよりいっそう無責任体質を許容することにつながっている㉑ことである。匿名であるということは、自分の言動の責任を棚上げにした㉒まま㉓（つまり自分の安全性は確保しておいて）、他人を容赦なく非難できる状態を可能にする。多数の観客の中の誰かが野卑なヤジを飛ばしても問題にされないのと同じで、典型的な観客民主主義の場が提供されていると言えよう。そこでは、身勝手な解釈で他人を誹謗したり、物知り顔で自分の知識をひけらかしたり、検証抜きで一方的に断定したりする。他人の心情への想像をいっさい欠いた㉔まま㉓、臆面もなく断罪することが可能になっているのだ。イラクにボランティアで行き拉致された

②…において
⑨…むしろ
⑩…ぶん
⑪…だけ
⑫…わけではない
⑬…と a
⑭…ながら
⑮…しかない
⑯…ず
⑰…かえって
⑱…なっている
⑲…のではないか

⑱…なっている

⑳…はじめ
㉑…つながる

㉒…たなあげ
㉓…まま

㉔…かく
㉓…まま

人を非難する言葉がインターネットに溢れたことを思い出せば良くわかるだろう。

当然ながら⑭、疑似科学も隆盛である。まことしやかに怪しげな「科学」が語られ、それに意気投合する人々も登場して盛り上がることもしばしば見受けられる。私には匿名同士の会話になぜ興味が惹かれるのか疑問なのだが、本音が出せることで日常のストレスが解消されるのかもしれない。自己本位であることがむしろ⑨奨励された世界なのである。そこでは正当な批判は嫌われこそすれ㉕歓迎されることはない。

科学の修練には積み上げが必要であり、それには長い訓練の時間を要する。基礎的な学習から自立まで、数年間の訓練を経なければならないからだ。ところが、インターネットによって㉖「瞬間」で世界とつながることに馴れると、時間を使う営みが時代遅れに見えてしまう。疑いを持ち、考え得る⑧すべての可能性を検討する時間を無駄とみなし㉗、直ちにシロ・クロの決着を明確につける方を高く評価する。そうでなければチャットができないこともある。それは疑似科学との相性が良いことを意味している。インターネットが現代科学の粋でありながら⑭、科学の否定ともつながっている㉑のは皮肉なことである。

⑭…ながら
⑨…むしろ
㉕…こそすれ
㉖…よるa
⑧…うる
㉗…みなす
⑭…ながら
㉑…つながる

3．本文の内容に合わせて、以下の空欄を埋めてください。

（1）インターネットは現代社会の特徴を最もよく＿＿＿＿＿＿＿＿いる。

（2）ブログの日記では舞台に＿＿＿＿＿＿＿＿気分になれる。

（3）ブログで自己陶酔に＿＿＿＿＿＿＿＿こともできる。

（4）観客の中で野卑なヤジを＿＿＿＿＿＿＿＿人がいても問題にされない。

（5）物知り顔で自分の知識を＿＿＿＿＿＿＿＿人もいる。

（6）拉致された人を非難する言葉がインターネットに＿＿＿＿＿＿＿＿た。

（7）本音が出せることで日常のストレスが＿＿＿＿＿＿＿＿される。

（8）科学の修練には長い訓練の時間を＿＿＿＿＿＿＿＿。

II 話す練習 （この文章の内容について、次の質問に答えてください。）

1. 「ブログという自己表現の場が実現した」というのは具体的にはどういうことですか。また、その利点は何だと、筆者は述べていますか。
   - キーワード　日記・感想、公開、多様なパフォーマンス ∥ 意見を表明する手段、大きな声、政治・社会

2. インターネットにはどのような問題があると、筆者は述べていますか。
   - キーワード　自己中心主義、倫理意識、一面的

3. 「インターネットのもう一つの問題点」は何だと、筆者は述べていますか。
   - キーワード　匿名、無責任

4. 「疑似科学」が盛んになる原因について、筆者はどのように説明していますか。
   - キーワード　科学の修練、訓練 ∥ インターネット、「瞬間」、時間

5. この文章について、あなたはどのような感想・意見を持ちましたか。

III 書く練習

1. Iの2の「もたらす」「けいき」「ぜんてい」「よるb」「かえって」「のではないか」「まま」「かく」を使って、それぞれ一つずつ文を作ってください。

2. この文章について、あなた自身の経験にも触れながら、感想・意見を800字〜1,200字で書いてください。

20. ロボットの活用

　医療機関や介護施設でロボットを活用しようとする試みが本格化している。手足が不自由な人の動きを助けたり、認知症患者に投薬や外出の時間を教えたりする。病院スタッフや施設の介護者の負担を和らげる狙いもある。現場とロボット開発者が実証試験を通じて協力し合う仕組みが始動、世界レベルの技術が、医療や介護の現場で強力な助っ人となる日が近づいている。

　「あっ上がった」——。「ロボットスーツＨＡＬ[*1]福祉用」を下半身に装着した山田忠生さん（仮名、75）が、不自由な左足を踏み出すよう理学療法士に促され、声を上げた。筋肉に力が入らなくなる神経難病「ギランバレー症候群」[*2]を発症、先月から総和中央病院（茨城県古河市）でリハビリテーション中だ。

　筑波大発のベンチャー[*3]「サイバーダイン」[*4]（茨城県つくば市）が開発したＨＡＬは、皮膚に着けたセンサーで脳が筋肉に送る信号を感知して、関節部分のモーターを駆動させ動きを助ける。昨年から本格的にレンタルを始め「現在、全国で約200台が稼働。脳卒中の後遺症などで脚が不自由な人や脚力が衰えた高齢者の運動訓練や歩行の補助に使われている」（同社）。

　大阪府守口市の松下記念病院では高さ1.3メートルの箱形ロボットが人がゆっくり歩くほどの速さで進む。パナソニック[*5]が1月から実証運用中の病院内自律搬送ロボット「ホスピー」だ。

　薬剤部に薬の注文があると、薬剤師がホスピーに入れ、行き先を指定する。ホスピーは無線ＬＡＮ（構内情報通信網）制御で院内を移動、エレベーターに乗り、人や障害物をセンサーで感知し、減速したりよけた

りする。

　２台のホスピーは１日平均10回出動。「夜間の当直薬剤師は１人。薬のオーダーがあっても看護師に取りに来てもらっていた」と薬剤師。看護師は「一晩に何回も往復約10分かけて薬を取りに行っていたが、ホスピーなら５分。助かる」と話す。「病室で採血した検体[*6]を検査室に運ぶなどの用途も検討中だ」（同社）。

　同社が昨年９月発表した「洗髪ロボット」は一人ひとりの頭の形をセンサーで測って記憶。大型ヘッドホンのような装置が頭を包み、16個の"指先"でもみ洗いする。

　会話ロボットもある。埼玉県所沢市の介護付き有料老人ホーム。森幸代さん（仮名、97）の部屋の卓上には、ダルマのような愛らしい小型ロボットがいる。ＮＥＣ[*7]が開発した「PaPeRo（パペロ）」だ。

　パペロが「森さん、ちょっといいですか」と話しかける。「今日はデイサービス[*8]に行くんだよね。そろそろお迎えが来るから、トイレに行っておいたらどうかな」。すると森さんは「わかった。行ってみるね」と応じて立ち上がった。

　国立障害者リハビリテーションセンター研究所（同市）と東京大、ＮＥＣ、生活科学運営[*9]（東京・新宿[*10]）などの共同実証実験の風景だ。森さんは軽度の認知症で外出時間などを覚えられず、パペロが代わりに知らせる。同研究所の井上剛伸部長は「ロボットを話し相手と認めれば、９割以上の会話ができた」と話す。

　慢性的人手不足に悩む医療・介護現場でロボットへの期待は大きいが、実用化例はほとんどない。「現場ニーズと、開発されるロボットの機能がかみ合っていないからだ」（井上部長）。

　ＮＥＣも当初、あらゆる場面の会話に対応する機能をパペロに盛った。だが井上部長らは、認知症患者が忘れがちな薬の服用や外出時間を上手に知らせるようにプログラムを絞った。

実用化を阻むもう一つの要因とされるのが安全性の検証。福祉・介護用機器では電動車椅子や電動ベッドなど一部を除き、国の安全性基準はなく、新しいロボット導入をためらう利用者も少なくない、という。

　こうした状況を改善する試みもある。新エネルギー・産業技術総合開発機構（ＮＥＤＯ）[11]などがつくば市に設けた「生活支援ロボット安全検証センター」。耐久性や人との衝突回避機能などを試験・検査する世界初の施設だ。合格したロボットへの独自安全認証も見込む。

　第１号としてＨＡＬ福祉用が現在検査中だ。ＨＡＬをロボットに装着して数千時間動かし、亀裂が入らないかなどを調べる。サイバーダインの山海嘉之社長は「第三者機関の検査をパスすることで利用者の安心感を高め、普及に弾みをつけたい」と話している。

（2011年4月21日付『日本経済新聞』）

注　＊1　Hybrid Assistive Limb の略。
　　＊2　病名。（Guillain-Barré syndrome）
　　＊3　筑波大学が設立したベンチャー（venture）企業。
　　＊4　企業名。（CYBERDYNE）
　　＊5　企業名。（Panasonic）
　　＊6　血液、尿など体から採取され、検査の対象となるもの。
　　＊7　企業名。Nippon Electric Company の略。
　　＊8　自宅等で介護を受けている高齢者を日帰りで受け入れて、入浴、食事の提供、身体機能訓練等を行うこと。あるいは、それを行う施設。（day service［和製英語］）
　　＊9　企業名。
　　＊10　東京都新宿区。
　　＊11　国立研究開発法人。（New Energy and Industrial Technology Development Organization の略）

I 漢字の読み方と語句の使い方

1．本文の漢字の読み方を下記で確認してください。

2．下線のある語句の意味と使い方を巻末の「語句の用例」で確認してください。

ロボットの活用

　医療機関や介護施設でロボットを活用しようとする試みが本格化している。手足が不自由な人の動きを助けたり、認知症患者に投薬や外出の時間を教えたりする。病院スタッフや施設の介護者の負担を和らげる狙いもある。現場とロボット開発者が実証試験を通じて協力し合う仕組みが始動、世界レベルの技術が、医療や介護の現場で強力な助っ人となる日が近づいている。

　「あっ上がった」――。「ロボットスーツＨＡＬ福祉用」を下半身に装着した山田忠生さん（仮名、75）が、不自由な左足を踏み出すよう理学療法士に促され、声を上げた。筋肉に力が入らなくなる神経難病「ギランバレー症候群」を発症、先月から総和中央病院（茨城県古河市）でリハビリテーション中だ。
　筑波大発のベンチャー「サイバーダイン」（茨城県つくば市）が開発したＨＡＬは、皮膚に着けたセンサーで脳が筋肉に送る信号を感知して、関節部分のモーターを駆動させ動きを助ける。昨年から本格的にレンタルを始め「現在、全国で約200台が稼働。脳卒中の後遺症などで脚が不自由な人や脚力が衰えた高齢者の運動訓練や歩行の補助に使われている」（同社）。
　大阪府守口市の松下記念病院では高さ1.3メートルの箱形ロボットが人がゆっくり歩くほどの①速さで進む。パナソニックが

①…ほどb

1月から実証運用中の病院内自律搬送ロボット「ホスピー」だ。

薬剤部に薬の注文があると、薬剤師がホスピーに入れ、行き先を指定する。ホスピーは無線LAN（構内情報通信網）制御で院内を移動、エレベーターに乗り、人や障害物をセンサーで感知し、減速したりよけたりする。

2台のホスピーは1日平均10回出動。「夜間の当直薬剤師は1人。薬のオーダーがあっても看護師に取りに来てもらっていた」と薬剤師。看護師は「一晩に何回も往復約10分かけて薬を取りに行っていたが、ホスピーなら5分。助かる②」と話す。「病室で採血した検体を検査室に運ぶなどの用途も検討中だ」（同社）。

②…たすかる

同社が昨年9月発表した「洗髪ロボット」は一人ひとりの頭の形をセンサーで測って記憶。大型ヘッドホンのような装置が頭を包み、16個の"指先"でもみ洗いする。

会話ロボットもある。埼玉県所沢市の介護付き有料老人ホーム。森幸代さん（仮名、97）の部屋の卓上には、ダルマのような愛らしい小型ロボットがいる。NECが開発した「PaPeRo（パペロ）」だ。

パペロが「森さん、ちょっといいですか」と話しかける。「今日はデイサービスに行くんだよね。そろそろお迎えが来るから、トイレに行っておいたらどうかな」。すると森さんは「わかった。行ってみるね」と応じて③立ち上がった。

③…おうじるa

国立障害者リハビリテーションセンター研究所（同市）と東京大、NEC、生活科学運営（東京・新宿）などの共同実証実験の風景だ。森さんは軽度の認知症で外出時間などを覚えられず④、パペロが代わりに知らせる。同研究所の井上剛伸部長は「ロボットを話し相手と認めれば、9割以上の会話ができた」と話す。

④…ず

慢性的人手不足に悩む⑤医療・介護現場でロボットへの期待

⑤…なやむ

は大きいが、実用化例はほとんどない。「現場ニーズと、開発されるロボットの機能がかみ合っていないからだ」(井上部長)。

NECも当初、あらゆる場面の会話に対応する機能をパペロに盛った。だが井上部長らは、認知症患者が忘れがちな⑥薬の服用や外出時間を上手に知らせるようにプログラムを絞った⑦。

実用化を阻むもう一つの要因とされる⑧のが安全性の検証。福祉・介護用機器では電動車椅子や電動ベッドなど一部を除き、国の安全性基準はなく、新しいロボット導入をためらう利用者も少なくない、という⑨。

こうした状況を改善する試みもある。新エネルギー・産業技術総合開発機構（NEDO）などがつくば市に設けた「生活支援ロボット安全検証センター」。耐久性や人との衝突回避機能などを試験・検査する世界初の施設だ。合格したロボットへの独自安全認証も見込む⑩。

第1号としてHAL福祉用が現在検査中だ。HALをロボットに装着して数千時間動かし、亀裂が入らないかなどを調べる。サイバーダインの山海嘉之社長は「第三者機関の検査をパスすることで利用者の安心感を高め、普及に弾みをつけたい⑪」と話している。

⑥…がち
⑦…しぼる
⑧…する
⑨…という
⑩…みこむ
⑪…はずみ

3．本文の内容に合わせて、以下の空欄を埋めてください。

（1）理学療法士は山田さんに不自由な左足を踏み出すよう＿＿＿＿＿＿た。

（2）脳が筋肉に送る信号をセンサーで＿＿＿＿＿＿。

（3）脚力が＿＿＿＿＿＿た高齢者の運動訓練にHALが使われている。

（4）現場のニーズとロボットの機能が＿＿＿＿＿＿いない。

（5）安全性が検証されていないことがロボットの実用化を＿＿＿＿＿＿いる。

（6）介護用機器は、一部を＿＿＿＿＿＿、国の安全性基準はない。

（7）安心感が持てず、ロボットの導入を＿＿＿＿＿＿利用者もいる。

（8）つくば市に「生活支援ロボット安全検証センター」が＿＿＿＿＿＿た。

II　話す練習（この文章の内容について、次の質問に答えてください。）

1. ＨＡＬはどのようなロボットですか。また、どのように使われていますか。
   🗝 キーワード　皮膚、センサー、脳、信号、モーター // 脚が不自由、脚力、運動訓練、歩行

2. ホスピーはどのようなロボットですか。松下記念病院ではどのように使われていますか。
   🗝 キーワード　1.3メートル、箱形、歩く // 薬剤部、注文、薬剤師、行き先、移動

3. パペロはどのようなロボットですか。共同実証実験ではどのような使い方をしていますか。
   🗝 キーワード　会話、小型 // 認知症、外出時間、薬の服用

4. ロボットの実用化例がほとんどない理由について、井上部長はどのように述べていますか。パペロの場合、どのようなことがありましたか。
   🗝 キーワード　現場ニーズ、ロボットの機能 // あらゆる場面 // 薬、外出、プログラム

5. 実用化を阻むもう一つの要因は何ですか。
   🗝 キーワード　安全性、安全性基準

6. この文章について、あなたはどのような感想・意見を持ちましたか。医療・介護用あるいは生活支援用として、どのようなロボットの開発が望ましいと、あなたは考えますか。

III 書く練習

1. Ⅰの2の「たすかる」「おうじるa」「なやむ」「がち」「しぼる」「する」「みこむ」「はずみ」を使って、それぞれ一つずつ文を作ってください。

2. この文章について、あなたの国の状況にも触れながら、感想・意見を800字～1,200字で書いてください。

21. ＡＩは人間の仕事を奪ってしまうのか

　シンギュラリティ*1 が到来し、人間が意識をもった汎用人工知能（ＡＧＩ）*2 に支配されるとか、やがて人間の脳がコンピュータにアップロードされて不死になる、とかいったお話の空しさに関してはすでに述べてきた通りである。だが、このお話について本気で悩んだり喜んだりしている人は、たぶんこの国には少ないだろう。実際、そういう不毛な議論は高等遊民*3 に任せておけばいいのだ。とはいえ、われわれが現在やっている仕事がビッグデータ*4 型人工知能に奪われ、失職してしまうとなると話はまったく別である。

　それゆえ、野村総合研究所*5 がオックスフォード*6 大学とともにおこない、2015年末に発表した調査報告は大きな衝撃をあたえた。日本の国内労働人口の約49％の仕事は人工知能によって代替されてしまう、という予測である。

　この報告は、600あまりの職業について、それが人工知能によって代替される確率を予測している。これによるとたとえば、総合事務員*7 は何と代替確率が100％である。総合事務員は約270万人におよぶ分厚い労働者層だから、これはただ事ではない。さらに、公認会計士、弁理士、司法書士といった、総合事務員よりはるかに高年収の専門職でも、代替率は80％以上にのぼるという。

　つまり、一口でいうと、この報告書からは近々、人工知能が日本のホワイトカラーの仕事を決定的に奪ってしまう、という印象をうけるのだ……。

　しかし、ここまで本書に付きあって頂いた読者なら、慌てふためく必要がないことはすぐ分かるだろう。貴重な報告書ではあるにせよ、まず、「代替」という表現は非常にまずい。事務机に座った人工知能ロボットに

仕事を丸投げすれば、ニコニコしながら人間の代わりに自動的に仕事をしてくれる、といったＢ級ＳＦ的イメージが浮かんでくるが、これはまったく見当外れである。なぜなら、前述のように、人間（生物）と人工知能ロボット（機械）とは根本的に違うからだ。違う以上、簡単に代替などできるはずはない。

　シンギュラリティ仮説が何といおうと、人間の脳のメカニズムをいくらシミュレートしたところで、人工知能が人間の思考とぴったり同じ情報処理をすることなど絶対に不可能なのだ。脳は独立した論理的存在ではなく、生きた身体と不可分であり、個々の身体は刻々変化していく生態系全体のなかに組み込まれているのである。このことさえ忘れなければ、「代替」という言葉がいかに的外れか納得がいく。

　ただし、ホワイトカラーにかぎらずどんな職種でも、人間の仕事のやり方が変わっていくことは確かだろう。つまり、近未来のわれわれには人間にしかできない仕事が求められ、コンピュータにできるような仕事は人工知能が受け持つようになるというわけだ。センスのある人工知能研究者なら、人間の脳のシミュレーションなどで時間とエネルギーを浪費することは止めるだろう。かわりに、人間には決してできない大量データの高速処理によって、人間の判断をたすけ知能を増大させる方向、つまりＩＡ[*8]（知能増幅）に向けて舵を切るはずだ。だから、近未来のホワイトカラーはＩＡ技術を使いこなす能力が求められるのである。こうして、人間とコンピュータのあいだで、仕事の切り分けと分担、協働が発生する。

　問題は、このときの切り分けや分担の仕方である。怖いのは、人間がみずからコンピュータに近づいていくことだ。下手な切り分けをおこなうと、われわれはコンピュータの作動のリズムに合わせて社会メガマシン[*9]の要素と化し、狂気のように振り回されることになってしまう。そうならないためには、いま一度、生物と機械の相違を確認しておく必要

がある。いったい、「人間にしかできない仕事」とは何なのか？

　繰り返しになるが、生物は現在の状況に応じた柔軟な問題設定と情報の意味解釈によって生きていく自律的存在であり、他方機械は、指令通りのアルゴリズム[*10]で過去のデータを形式的に高速処理する他律的存在である。おもてむき自律的にみえる人工知能ロボットも、内実は過去のデータを統計処理して問題を解決するにすぎない。だから、いかなる人工知能にも、変転する状況に応じたきめ細かい情報処理は期待できないのだ。そういう代償の上で、人工知能は全体としての効率化を達成できるのである。

　言いかえると、真の社会的コミュニケーションは、リアルな現在時点でおこなわれるから、基本的に人間同士のあいだでしか成立しない。ただし人工知能はそこで、過去のデータにもとづく有益な専門的助言をあたえることができる。具体的にいえば、このことは、サービス業における仕事の切り分けの基準となるだろう。

　たとえば、銀行における投資相談において、個々の顧客のきめ細かいニーズに応じた金融コンサルティングを人工知能に丸投げするのはとても無理である。顧客も不安をぬぐえないはずだ。担当銀行員はそのかわり、ビッグデータ型人工知能が分析した結果を顧客に提示し、分析結果の解釈に加えて自らの経験にもとづく暗黙知[*11]を駆使して、いっそう的確なコンサルティングをおこなうことができる。担当銀行員にはそういうスキルが求められることになる。

　つまり、人工知能によって「仕事の質」が変わるだけで、仕事を奪われるわけではない。このことは、自動改札機の導入によって地下鉄の駅員がクビにならなかったことからも明らかだろう。切符を切るという定型的な肉体労働はなくなったが、そのかわり駅員は、改札口の側で高齢者や外国人をふくめた個別の多様な案内に応じている。機械翻訳などのＩＡ技術を駅員が使いこなせば、地下鉄のサービスはいっそう向上する

だろう。

　こういった仕事の分担や協調は、今後の人工知能ロボットの活用においても同じことがいえる。ロボットにかぎらず、自動運転のクルマもふくめ、物理的な機械装置（ハードウェア）と人工知能ソフトウェアとの緊密な連携こそが日本の未来産業をひらく、という声をよく聞く。産業用ロボットで世界を制覇した日本の技術水準からみて、説得力のある意見だ。医療用ロボットや介護用ロボットなどはすぐ思いつく例である。

　ただこのとき、人工知能ロボットが独力で勝手な手術をしたり、高齢者の介護作業をしたりすることなどはありえない。そんなことは、法制度上も許されないはずだ。人工知能ロボットは、患者の体内で微細な作業をしたり、こわばった高齢者を抱え上げて入浴させてくれたりするだろうが、そこには必ず、医者や介護ヘルパーが付き添っていなくてはならない。

　自動運転のクルマも同様である。高齢化社会において、高度なセンサーを備えた人工知能が操縦する自動運転車へのニーズはとても高い。これによって交通事故が激減することも期待される。だが、だからといって運転手が不要になるわけではないのである。混雑した東京の街路などでは、人間の柔軟な判断にまかせたほうがよい場合もある。

　要するに、特定目的に向けた専用の人工知能（ＡＩ）とは、実はあくまで人間の知能増幅（ＩＡ）用の装置に他ならない。とすれば、「人間より賢いロボットに仕事を奪われる！」といった類いの恐怖は消えてなくなるだろう。

（西垣　通『ビッグデータと人工知能　可能性と罠を見極める』中公新書 2016）

注　*1　ＡＩ（artificial intelligence［人工知能］）が人間の知能を超え、人間がこれまでとは異質なものになること。（singularity）
　　*2　特定の目的のためでなくどんな目的にでも対応できる人工知能（artificial general intelligence）。

＊3　高度な知識を持ちながら、職業を持たずに好きなことをして暮らしている人。
＊4　（big data）
＊5　企業名。
＊6　（Oxford）
＊7　仕事の内容が限定されていない事務員。
＊8　intelligence amplification の略。
＊9　人間が機械の部品のように活動する社会。（megamachine）
＊10　手順・方法。（algorithm）
＊11　言葉で明確に表現できない知識。

Ⅰ　漢字の読み方と語句の使い方

1．本文の漢字の読み方を下記で確認してください。

2．下線のある語句の意味と使い方を巻末の「語句の用例」で確認してください。

ＡＩは人間の仕事を奪ってしまうのか

　シンギュラリティが到来し、人間が意識をもった汎用人工知能（ＡＧＩ）に支配されるとか、やがて人間の脳がコンピュータにアップロードされて不死になる、とかいったお話の空しさに関しては①すでに述べてきた通り②である。だが、このお話について本気で悩んだり喜んだりしている人は、たぶんこの国には少ないだろう。実際、そういう不毛な議論は高等遊民に任せておけばいいのだ。とはいえ③、われわれが現在やっている仕事がビッグデータ型人工知能に奪われ、失職してしまうとなると④話はまったく別である。
　それゆえ、野村総合研究所がオックスフォード大学とともにおこない、2015年末に発表した調査報告は大きな衝撃をあ

①…かんする
②…とおり

③…とはいえ

④…なると

たえた。日本の国内労働人口の約49％の仕事は人工知能によって⑤代替されてしまう、という予測である。

　この報告は、600あまりの職業について、それが人工知能によって⑤代替される確率を予測している。これによると⑥たとえば、総合事務員は何と⑦代替確率が100％である。総合事務員は約270万人におよぶ⑧分厚い労働者層だから、これはただ事ではない。さらに、公認会計士、弁理士、司法書士といった、総合事務員よりはるかに高年収の専門職でも、代替率は80％以上にのぼるという⑨。

　つまり、一口でいうと、この報告書からは近々、人工知能が日本のホワイトカラーの仕事を決定的に奪ってしまう、という印象をうけるのだ……。

　しかし、ここまで本書に付きあって⑩頂いた読者なら、慌てふためく必要がないことはすぐ分かるだろう。貴重な報告書ではあるにせよ⑪、まず、「代替」という表現は非常にまずい。事務机に座った人工知能ロボットに仕事を丸投げすれば、ニコニコしながら人間の代わりに自動的に仕事をしてくれる、といったB級SF的イメージが浮かんでくるが、これはまったく見当外れである。なぜなら、前述のように、人間（生物）と人工知能ロボット（機械）とは根本的に違うからだ。違う以上⑫、簡単に代替などできるはずはない。

　シンギュラリティ仮説が何といおうと⑬、人間の脳のメカニズムをいくら⑭シミュレートしたところで⑮、人工知能が人間の思考とぴったり同じ情報処理をすることなど絶対に不可能なのだ。脳は独立した論理的存在ではなく、生きた身体と不可分であり、個々の身体は刻々変化していく生態系全体のなかに組み込まれているのである。このことさえ⑯忘れなければ、「代替」という言葉がいかに的外れか納得がいく。

　ただし、ホワイトカラーにかぎらず⑰どんな職種でも、人間

⑤…よるa

⑤…よるa
⑥…によると
⑦…なんと
⑧…およぶ

⑨…という

⑩…つきあう

⑪…にせよ

⑫…いじょう

⑬…うと
⑭…いくら
⑮…ところで

⑯…さえ

⑰…かぎる

の仕事のやり方が変わっていくことは確かだろう。つまり、近未来のわれわれには人間にしかできない仕事が求められ、コンピュータにできるような仕事は人工知能が受け持つようになるというわけだ。センスのある人工知能研究者なら、人間の脳のシミュレーションなどで時間とエネルギーを浪費することは止めるだろう。かわりに、人間には決してできない大量データの高速処理によって⑤、人間の判断をたすけ知能を増大させる方向、つまりIA（知能増幅）に向けて舵を切るはずだ。だから、近未来のホワイトカラーはIA技術を使いこなす能力が求められるのである。こうして、人間とコンピュータのあいだで、仕事の切り分けと分担、協働が発生する。

　問題は、このときの切り分けや分担の仕方である。怖いのは、人間がみずからコンピュータに近づいていくことだ。下手な切り分けをおこなうと、われわれはコンピュータの作動のリズムに合わせて社会メガマシンの要素と化し⑱、狂気のように振り回されることになってしまう。そうならないためには、いま一度、生物と機械の相違を確認しておく必要がある。いったい⑲、「人間にしかできない仕事」とは何なのか？

　繰り返しになるが、生物は現在の状況に応じた⑳柔軟な問題設定と情報の意味解釈によって⑤生きていく自律的存在であり、他方機械は、指令通りのアルゴリズムで過去のデータを形式的に高速処理する他律的存在である。おもてむき自律的にみえる人工知能ロボットも、内実は過去のデータを統計処理して問題を解決するにすぎない㉑。だから、いかなる人工知能にも、変転する状況に応じた⑳きめ細かい情報処理は期待できないのだ。そういう代償の上で、人工知能は全体としての効率化を達成できるのである。

　言いかえると、真の社会的コミュニケーションは、リアルな現在時点でおこなわれるから、基本的に人間同士のあいだでしか成

⑤…よるa

⑱…かす

⑲…いったい

⑳…おうじるb
⑤…よるa

㉑…にすぎない
⑳…おうじるb

立しない。ただし人工知能はそこで、過去のデータにもとづく有益な専門的助言をあたえることができる。具体的にいえば、このことは、サービス業における仕事の切り分けの基準となるだろう。

たとえば、銀行における投資相談において、個々の顧客のきめ細かいニーズに応じた金融コンサルティングを人工知能に丸投げするのはとても無理である。顧客も不安をぬぐえないはずだ。担当銀行員はそのかわり、ビッグデータ型人工知能が分析した結果を顧客に提示し、分析結果の解釈に加えて自らの経験にもとづく暗黙知を駆使して、いっそう的確なコンサルティングをおこなうことができる。担当銀行員にはそういうスキルが求められることになる。

つまり、人工知能によって「仕事の質」が変わるだけで、仕事を奪われるわけではない。このことは、自動改札機の導入によって地下鉄の駅員がクビにならなかったことからも明らかだろう。切符を切るという定型的な肉体労働はなくなったが、そのかわり駅員は、改札口の側で高齢者や外国人をふくめた個別の多様な案内に応じている。機械翻訳などのIA技術を駅員が使いこなせば、地下鉄のサービスはいっそう向上するだろう。

こういった仕事の分担や協調は、今後の人工知能ロボットの活用においても同じことがいえる。ロボットにかぎらず、自動運転のクルマもふくめ、物理的な機械装置（ハードウェア）と人工知能ソフトウェアとの緊密な連携こそが日本の未来産業をひらく、という声をよく聞く。産業用ロボットで世界を制覇した日本の技術水準からみて、説得力のある意見だ。医療用ロボットや介護用ロボットなどはすぐ思いつく例である。

ただこのとき、人工知能ロボットが独力で勝手な手術をしたり、高齢者の介護作業をしたりすることなどはありえない。そんなことは、法制度上も許されないはずだ。人工知能ロボッ

トは、患者の体内で微細な作業をしたり、こわばった高齢者を抱え上げて入浴させてくれたりするだろうが、そこには必ず、医者や介護ヘルパーが付き添っていなくてはならない。

　自動運転のクルマも同様である。高齢化社会において㉔、高度なセンサーを備えた人工知能が操縦する自動運転車へのニーズはとても高い。これによって㉕交通事故が激減することも期待される。だが、だからといって㉜運転手が不要になるわけではない㉗のである。混雑した東京の街路などでは、人間の柔軟な判断にまかせたほうがよい場合もある。

　要するに、特定目的に向けた専用の人工知能（ＡＩ）とは㉝、実はあくまで人間の知能増幅（ＩＡ）用の装置に他ならない㉞。とすれば㉟、「人間より賢いロボットに仕事を奪われる！」といった類いの恐怖は消えてなくなるだろう。

㉔…において

㉕…よる a

㉜…といって b

㉗…わけではない

㉝…とは a

㉞…ほかならない

㉟…する

3．本文の内容に合わせて、以下の空欄を埋めてください。

（１）２０１５年末の調査報告は人々に大きな衝撃を_____た。

（２）脳が独立した存在でないことを考えれば、「代替」という言葉が的外れであることに納得が_____。

（３）センスのある研究者は、ＩＡの研究に向けて舵を_____だろう。

（４）金融コンサルティングを人工知能に丸投げしたら、顧客は不安を_____ないだろう。

（５）ＩＡ技術を駅員が使いこなせば、地下鉄のサービスはいっそう_____すると思う。

（６）ハードウェアと人工知能との緊密な_____が未来産業を開くという声もある。

（７）自動運転車へのニーズはとても_____。

（８）東京の街路などでは、運転手の柔軟な判断に_____ほうがよい場合もある。

II　話す練習 （この文章の内容について、次の質問に答えてください。）

1. 野村総合研究所が2015年に発表した調査報告にはどのようなことが書かれていますか。
    - 🗝 キーワード　国内労働人口の49％、人工知能、代替 // 総合事務員、100％、公認会計士・弁理士・司法書士、80％以上

2. 筆者は、「「代替」という表現は非常にまずい」と述べていますが、その理由をどう説明していますか。
    - 🗝 キーワード　人工知能、人間の思考、情報処理 // 脳、身体、不可分、生態系全体

3. 筆者は「どんな職種でも仕事のやり方が変わっていく」と述べていますが、どのように「変わっていく」のですか。
    - 🗝 キーワード　人間、コンピュータ、人工知能、切り分け・分担・協働 // ＩＡ技術、能力

4. 筆者は、生物は自律的存在であるが人工知能ロボットはそうではない、と述べていますが、その理由をどう説明していますか。
    - 🗝 キーワード　過去のデータ、統計処理、問題を解決 // 状況、きめ細かい情報処理

5. 例えば、銀行の投資相談はどうなると、筆者は述べていますか。
    - 🗝 キーワード　人工知能、分析結果 // 結果の解釈、経験など、コンサルティング

6. 自動運転車については、どのように述べていますか。
    - 🗝 キーワード　高齢化社会、ニーズ、交通事故 // 運転手、東京の街路、柔軟

7. あなたの国ではＡＩについてどのような議論がありますか。あなた自身はＡＩのどのような点に関心がありますか。この文章について、あなたはどのような感想・意見を持ちましたか。

Ⅲ 書く練習

1．Ⅰの2の「とおり」「つきあう」「いじょう」「うと」「いくら」「ところで」「さえ」「といってb」を使って、それぞれ一つずつ文を作ってください。

2．この文章について、あなたの国の状況にも触れながら、感想・意見を800字〜1,200字で書いてください。

22.「ビッグデータ社会」

ビッグデータ[*1]とは何だろう。

最もシンプルに考えれば、ものすごく大量の——"ビッグ"な——データということになる。しかし、それではその本質はつかめない。「ビッグデータ」を論じるには、その目的を考える必要がある。

では、ビッグデータの目的とは何か。

それは、「予測（prediction）」と「個別化（personalization）」である。

大量のデータを、まず、ありとあらゆる人や物から集める。そこから、従来のわずかなデータをもってしては[*2]明らかにならなかったような人間の行動パターンや、事物と事物との相関関係を抽出する。例えば、"ジャガイモを螺旋状にカットして揚げたカーリーフライ[*3]が好きな人は、知能が高い"という謎めいた相関関係は、わずかなデータからでは決して浮かび上がってこなかっただろう。このようにして抽出・発見された関係を、今度は「あなた」に関するデータ群に当てはめ、「あなた」の行動や趣味嗜好などを「予測」するわけである。そして、この予測結果に基づいて、「あなた」にピタリと合った——「個別化」された——サービスを展開することが可能となる……。

例えば、スーパーマーケットの経営者が、大量の顧客データを解析して、"無香料性のスキンローション[*4]、大きめのバッグ、特定のサプリメントを同時期に購入した女性は、妊娠している可能性が高い"というパターンを抽出したとしよう。経営者は、このようにして発見されたパターンを、自社の顧客データベースに当てはめ、多くの顧客のなかから、妊娠している可能性の高い者を「予測」し、選び出すことができる。また、その顧客に狙いを絞って、ベビー用品のクーポン券などを「個別的」に

送ることもできるようになる。

　このように、私たちは、「ビッグデータ」を、単にデータの量——扱うデータ量が大きいか小さいか——を示す言葉として理解すべきではなく、「予測」と（サービスの）「個別化」という目的とセットで理解する必要がある。

　そしてもう一つ、ビッグデータを論じるうえで忘れてはならないのは、人工知能（artificial intelligence. ＡＩ）の発展である。ＡＩによって、有象無象のデータ群からかたちのあるパターンや関係を抽出・発見する作業（データから意味のある"何か"を掘り出す〔mineする〕という点で、この作業は「データマイニング」とも呼ばれる）が合理化・迅速化し、予測の精度が飛躍的に向上していくことが予想されている。要するに、ビッグデータは、ＡＩの発展によって利用価値がさらに増していくことになるわけである。

　こうしてみると、私たちの住む「ビッグデータ社会」とは、高度な「予測社会」であり、「個別化社会」だ、ということになる。

　もちろん私たちは、この方向性が、私たちに多大な恩恵をもたらすことを知っている。

　例えばマーケティング。ビッグデータから抽出されたパターンを使って、ユーザーの趣味嗜好を「予測」すれば、そのユーザーに合った「個別化」広告を送ることができる。これは、打っても響かない[*5]相手も含めて、一般的な広告を送っていた事業者にとって利益になるだけでなく、自分が関心をもたないような情報を排除し、有用な情報を選別して提示してくれる点で、私たち消費者にとっても利益になる。

　あるいは予防医療。多くの人の行動記録と健康状態の記録など（ビッグデータ）を解析すると、「○○という生活習慣をもつ人は、××という病気にかかりやすい」というパターンが浮かび上がってくる。さらにそ

うした記録に遺伝情報などを組み合わせれば、より詳細な健康予測モデル（「〇〇という生活習慣と、△△という遺伝子をもつ人は、かなりの確率で××という病気にかかる」）が構築されることになろう。こうしたモデルを個々人のデータに当てはめれば、一般的な健康指導ではなく、特定の生活習慣と特定の遺伝子をもつその人に合わせた個別的な——より効果的な——健康指導が可能になるだろう。これが、医療費削減を狙う政府にとって利益になるだけでなく、日々の健康を願う私たちにとっても利益になることは明らかである。

　さらに教育。アメリカにあるジョージア[*6]州立大学などは、学生に関する大量のデータから、過去ドロップアウトした学生に共通してみられた徴候を分析し、ドロップアウトしそうな学生を先回りして予測するためのシステムを構築した。それによって、特定の学生に対して事前的で個別的な学習指導が可能となり、卒業率（graduation rate）が飛躍的に向上したという。これは大学当局にとって利益になるだけでなく、もしこのシステムがなければ退学していたであろう学生にとっても大きな利益になっていると考えられる。

　このように、ビッグデータが作り出す「予測社会」、「個別化社会」は、私たち一人ひとりを思いやってくれる「超配慮型社会」だ、ともいえそうである。

　なるほど。これは悪くない。

　しかし、私たちは、その「おそろしさ」にも注意を向ける必要がある。

　例えば、「あなた」の何かが予測され、サービスがその結果に合わせて個別化されるということは、「あなた」が常に「見られている」ということを意味する。とても当たり前の話だが、「あなた」が、自らの趣味にピタリと合った情報を得るには、その前提として、「あなた」のプライベートな側面が相手に知られていなければならない。その意味で、ビッグデー

タがもたらす「個別化」は、プライバシーと矛盾してくる。

　もう一つ。伝統的に、「あなた」のことをよく知り、思いやっていたのは、「あなた」の近くにいる家族や友人であった。その関係において、基本的に利益の相反は存在しない（もちろん、骨肉の争いはあるが）。他方、ビッグデータ社会において、データを通して「あなた」をよく知り、思いやるのは、事業者や政府である。そうすると、その「思いやり」が、本当に「あなた」のことを考えてのものなのか、注意が必要になるだろう。

　そもそも、ビッグデータ解析に基づく予測は、同じ属性を共有する集団（セグメント[*7]）を単位になされる。〈Aという属性、Bという属性、Cという属性、Dという属性、Eという属性……をもつ集団（セグメント）〉は、〈何やら××という傾向を有している〉という確率的な予測に過ぎないのである。そうすると、事業者や政府が実際に「思いやっている」のは、「あなた」個人ではなく、"ある集団（セグメント）"だ、ということにもなる。

　もちろん「あなた」は、この集団に還元されない[*8]個性や、経験をもっているかもしれない。しかし、ビッグデータ解析に基づく予測では、そういったものが捨象され、集団的傾向によって「あなた」が自動的に評価づけられてしまう危険性があるのである。このことを念頭に置けば、ビッグデータがもたらす「個別化社会」は、セグメントに基づく「超類型化社会」であり、「あなた」個人がちっとも顧みられない「新集団主義（セグメント主義）」を帰結する可能性すらある。この新集団主義が、新たな差別や社会的排除を引き起こしかねないということは、誰の目から見ても明らかだろう。

（山本龍彦『おそろしいビッグデータ　超類型化ＡＩ社会のリスク』朝日新書2017）

注　*1　（big data）
　　*2　（わずかなデータ）では。
　　*3　（curly fries）

＊4 （skin lotion）
＊5 何の反応もない。（「打てば響く」［期待した反応がすぐ現れる］という表現から作った表現）
＊6 （Georgia）
＊7 （segment）
＊8 （この集団）には含まれない。

I 漢字の読み方と語句の使い方

1．本文の漢字の読み方を下記で確認してください。

2．下線のある語句の意味と使い方を巻末の「語句の用例」で確認してください。

「ビッグデータ社会」

ビッグデータとは何だろう。
最もシンプルに考えれば、ものすごく大量の——"ビッグ"な——データということになる①。しかし、それでは②その本質はつかめない。「ビッグデータ」を論じるには③、その目的を考える必要がある。

では、ビッグデータの目的とは④何か。

それは、「予測（prediction）」と「個別化（personalization）」である。

大量のデータを、まず、ありとあらゆる人や物から集める。そこから、従来のわずかなデータをもってしては明らかにならなかったような人間の行動パターンや、事物と事物との相関関係を抽出する。例えば、"ジャガイモを螺旋状にカットして揚げたカーリーフライが好きな人は、知能が高い"という謎めいた相

①…ことになる
②…では
③…には

④…とはa

関関係は、わずかなデータからでは決して浮かび上がってこなかっただろう。このようにして抽出・発見された関係を、今度は「あなた」に関する⑤データ群に当てはめ、「あなた」の行動や趣味嗜好などを「予測」するわけである。そして、この予測結果に基づいて⑥、「あなた」にピタリと合った——「個別化」された——サービスを展開することが可能となる……。

　例えば、スーパーマーケットの経営者が、大量の顧客データを解析して、"無香料性のスキンローション、大きめのバッグ、特定のサプリメントを同時期に購入した女性は、妊娠している可能性が高い"というパターンを抽出したとしよう⑦。経営者は、このようにして発見されたパターンを、自社の顧客データベースに当てはめ、多くの顧客のなかから、妊娠している可能性の高い者を「予測」し、選び出すことができる。また、その顧客に狙いを絞って⑧、ベビー用品のクーポン券などを「個別的」に送ることもできるようになる。

　このように、私たちは、「ビッグデータ」を、単にデータの量——扱うデータ量が大きいか小さいか——を示す言葉として理解すべきではなく、「予測」と（サービスの）「個別化」という目的とセットで理解する必要がある。

　そしてもう一つ、ビッグデータを論じるうえで⑨忘れてはならないのは、人工知能（artificial intelligence, ＡＩ）の発展である。ＡＩによって⑩、有象無象のデータ群からかたちのあるパターンや関係を抽出・発見する作業（データから意味のある"何か"を掘り出す〔mineする〕という点で、この作業は「データマイニング」とも呼ばれる）が合理化・迅速化し、予測の精度が飛躍的に向上していくことが予想されている。要するに、ビッグデータは、ＡＩの発展によって⑪利用価値がさらに増していくことになる①わけである。

⑤…かんする
⑥…もとづく
⑦…する
⑧…しぼる
⑨…うえでb
⑩…よるa
⑪…よるb
①…ことになる

こうしてみると、私たちの住む「ビッグデータ社会」とは④、高度な「予測社会」であり、「個別化社会」だ、ということになる①。

もちろん私たちは、この方向性が、私たちに多大な恩恵をもたらす⑫ことを知っている。

例えばマーケティング。ビッグデータから抽出されたパターンを使って、ユーザーの趣味嗜好を「予測」すれば、そのユーザーに合った「個別化」広告を送ることができる。これは、打っても響かない相手も含めて、一般的な広告を送っていた事業者にとって⑬利益になるだけでなく、自分が関心をもたないような情報を排除し、有用な情報を選別して提示してくれる点で、私たち消費者にとっても⑬利益になる。

あるいは予防医療。多くの人の行動記録と健康状態の記録など（ビッグデータ）を解析すると、「〇〇という生活習慣をもつ人は、××という病気にかかりやすい」というパターンが浮かび上がってくる。さらにそうした記録に遺伝情報などを組み合わせれば、より詳細な健康予測モデル（「〇〇という生活習慣と、△△という遺伝子をもつ人は、かなりの確率で××という病気にかかる」）が構築されることになろう。こうしたモデルを個々人のデータに当てはめれば、一般的な健康指導ではなく、特定の生活習慣と特定の遺伝子をもつその人に合わせた個別的な――より効果的な――健康指導が可能になるだろう。これが、医療費削減を狙う政府にとって⑬利益になるだけでなく、日々の健康を願う私たちにとっても⑬利益になることは明らかである。

さらに教育。アメリカにあるジョージア州立大学などは、学生に関する⑤大量のデータから、過去ドロップアウトした学生に共通してみられた徴候を分析し、ドロップアウトしそうな学生を先回りして予測するためのシステムを構築した。それに

④…とはa

①…ことになる

⑫…もたらす

⑬…にとって

⑬…にとって

⑬…にとって

⑬…にとって

⑤…かんする

よって⑪、特定の学生に対して事前的で個別的な学習指導が可能となり、卒業率（graduation rate）が飛躍的に向上したという⑭。これは大学当局にとって⑬利益になるだけでなく、もしこのシステムがなければ退学していたであろう学生にとっても⑬大きな利益になっていると考えられる。

　このように、ビッグデータが作り出す「予測社会」、「個別化社会」は、私たち一人ひとりを思いやってくれる「超配慮型社会」だ、ともいえそうである。
　なるほど。これは悪くない。
　しかし、私たちは、その「おそろしさ」にも注意を向ける必要がある。
　例えば、「あなた」の何かが予測され、サービスがその結果に合わせて個別化されるということは、「あなた」が常に「見られている」ということを意味する。とても当たり前の話だが、「あなた」が、自らの趣味にピタリと合った情報を得るには、その前提として⑮、「あなた」のプライベートな側面が相手に知られていなければならない。その意味で、ビッグデータがもたらす⑫「個別化」は、プライバシーと矛盾してくる。
　もう一つ。伝統的に、「あなた」のことをよく知り、思いやっていたのは、「あなた」の近くにいる家族や友人であった。その関係において⑯、基本的に利益の相反は存在しない（もちろん、骨肉の争いはあるが）。他方、ビッグデータ社会において⑯、データを通して「あなた」をよく知り、思いやるのは、事業者や政府である。そうすると⑦、その「思いやり」が、本当に「あなた」のことを考えてのものなのか、注意が必要になるだろう。
　そもそも⑰、ビッグデータ解析に基づく⑥予測は、同じ属性を共有する集団（セグメント）を単位になされる。〈Aという属性、Bという属性、Cという属性、Dという属性、Eという属性

⑪…よるb

⑭…という
⑬…にとって
⑬…にとって

⑮…ぜんてい

⑫…もたらす

⑯…において

⑯…において

⑦…する

⑰…そもそも
⑥…もとづく

……をもつ集団（セグメント）〉は、〈何やら××という傾向を有している〉という確率的な予測に過ぎない⑱のである。そうすると⑦、事業者や政府が実際に「思いやっている」のは、「あなた」個人ではなく、"ある集団（セグメント）"だ、ということにもなる①。

もちろん「あなた」は、この集団に還元されない個性や、経験をもっているかもしれない。しかし、ビッグデータ解析に基づく⑥予測では、そういったものが捨象され、集団的傾向によって⑩「あなた」が自動的に評価づけられて⑲しまう危険性があるのである。このことを念頭に置けば、ビッグデータがもたらす⑫「個別化社会」は、セグメントに基づく⑥「超類型化社会」であり、「あなた」個人がちっとも顧みられない「新集団主義（セグメント主義）」を帰結する可能性すら⑳ある。この新集団主義が、新たな差別や社会的排除を引き起こしかねない㉑ということは、誰の目から見ても明らかだろう。

⑱…にすぎない
⑦…する
①…ことになる
⑥…もとづく
⑩…よるa
⑲…づける
⑫…もたらす
⑥…もとづく
⑳…すら
㉑…かねない

3．本文の内容に合わせて、以下の空欄を埋めてください。

（1）大量のデータから人間の行動パターンを＿＿＿＿＿＿＿する。

（2）大量のデータから分かった相関関係を顧客に関するデータ群に＿＿＿＿＿＿、顧客の行動などを予測する。

（3）顧客のパターンを知るために、経営者は大量の顧客データを＿＿＿＿＿＿する。

（4）私たちは「超配慮型社会」のおそろしさにも注意を＿＿＿＿＿＿なければならない。

（5）事業者や政府は本当に「あなた」を＿＿＿＿＿＿いるのだろうか。

（6）ビッグデータに基づく予測は、同じ属性を＿＿＿＿＿＿集団を単位に行われる。

（7）個人の個性や経験が全く捨象されてしまう危険性を念頭に＿＿＿＿＿＿ば、この「個別化社会」がどのようなものかが分かる。

（8）この新集団主義は、差別や社会的排除を＿＿＿＿＿＿可能性がある。

Ⅱ 話す練習 （この文章の内容について、次の質問に答えてください。）

1. 筆者は、「ビッグデータ」を、「予測」と「個別化」という目的とセットで理解する必要があると述べていますが、その「予測」と「個別化」の手順をどのように説明していますか。
   - キーワード　大量のデータ、人・物 // 行動パターン、相関関係 // 関係、「あなた」、データ群、行動・趣味嗜好、予測 // 個別化、サービス

2. もう一つ「忘れてならない」のは何だと述べていますか。
   - キーワード　ＡＩの発展、データ群、パターン・関係、抽出・発見、合理化・迅速化、予測の精度

3. 筆者は「予測社会」「個別化社会」がもたらす恩恵の例を三つ（マーケティング、予防医療、教育）挙げています。その三つについて、筆者はどのように説明していますか。
   - キーワード　ビッグデータ、パターン、趣味嗜好、「予測」、「個別化」、広告、有用な情報 // ビッグデータ、生活習慣、病気、パターン、遺伝情報、健康予測モデル、個々人のデータ、効果的な健康指導 // ジョージア大学、大量のデータ、ドロップアウト、徴候、分析、予測、システム、個別的な学習指導、卒業率

4. 筆者は、「予測社会」「個別化社会」の「おそろしさ」にも注意を向ける必要があるとして、二つの点を挙げています。それぞれについてどう述べていますか。
   - キーワード　「あなた」、予測、サービス、個別化、「見られている」、プライバシー //「あなた」、思いやる、事業者・政府、注意

5．ビッグデータ解析に基づく予測は、そもそもどのような性格のものだと筆者は述べていますか。また、どのような危険性や可能性があると述べていますか。
　🔑 キーワード　属性、共有、集団 // 個性・経験、捨象、集団的傾向、評価 // 個人、「新集団主義」、差別・社会的排除

6．あなたの国では「ビッグデータ」についてどのような議論がありますか。あなた自身は「ビッグデータ」のどのような点に関心がありますか。この文章について、あなたはどのような感想・意見を持ちましたか。

Ⅲ　書く練習

1．Ⅰの2の「では」「かんする」「もとづく」「うえでｂ」「よるｂ」「において」「すら」「かねない」を使って、それぞれ一つずつ文を作ってください。

2．この文章について、あなたの国の状況にも触れながら、感想・意見を800字〜1,200字で書いてください。

23. 本当に「原発は安い」のか

　東日本大震災*¹ からまもなく 6 年。復興はまだ道半ば*² だが、とりわけ原発被災地の福島県では今も 8 万人が避難生活を強いられ、地域社会の再生は見えない。原発事故の被害とその処理費用も膨らみ続けている。

　にもかかわらず、政権は原発を「重要な基幹電源」として、今後も積極的に使う構えだ。

　事故の惨禍を目の当たりにしてもなお、原発に頼り続けることに理はあるのだろうか。政府や電力業界が言うように、本当に「原発は安い」のか。

膨らみ続ける費用

　東京都内のホール。福島第一原発の事故で全町避難を強いられた福島県浪江町が 2 月に開いた住民との懇談会で、避難者たちが次々に悲痛な声を上げた。

　「除染が終わったと連絡が来たが、線量*³ は十分に下がっていない。これでは家に帰れない」。

　「私たちは原発事故で町を追い出された。帰れない人には東電*⁴ が家賃を払い続けるべきだ」。

　浪江町の中心部は今月末に避難指示が解除され、住民は戻れるようになる。ただ、楢葉町など指示がすでに解除された地区では帰還率が 1 割ほどのところが多く、先行きは厳しい。

　炉心溶融*⁵ を起こした原子炉の内部は、惨状がようやく見え始めたところだ。高熱で曲がった鉄格子、こびりついた黒い塊……。東京電力は 2 号機に調査ロボットを投入したが、人間なら数分足らずで致死量に達する強い放射線や堆積物に途中で阻まれた。溶け落ちた核燃料を取り出

す道筋は見当もつかない。

　賠償や除染、廃炉などの費用について経済産業省は昨年末、総額21.5兆円にのぼるとの見通しを示した。従来想定の2倍で、巨額の負担が電気料金や税金として国民にのしかかる。そもそも、壊された生活や地域社会など金銭では表せない被害もある。痛手は計り知れない。

保護ありきの*6政府

　政府は東電をつぶさないため、支援策のてこ入れに乗り出した。東電や原発を持つ電力大手各社が負担してきた賠償費を、今後40年間にわたって、電力自由化で参入した「新電力*7」にも一部負担させる方針だ。

　これは、自由化でめざす消費者の利益より、原発の保護を優先するやり方にほかならない。原発を持たない新電力にも原発固有のコストを押しつけ、大手の負担を軽くするからだ。

　なりふり構わぬ姿勢から浮かび上がるのは、原発はもはや強力な政策支援がないと成り立たないという実態である。

　それでも、経産省は「福島事故の費用を織り込んでも、原発のコスト面の優位性は変わらない」と言う。引き合いに出すのは15年に示した試算だ。原発を新設する場合の発電コストについて、火力や自然エネルギーなど他の電源より低いとする。30年度時点で必要な電気の2割ほどを原発でまかなう政策の根拠としている。

　だが、これにはさまざまな疑問が出ている。原発に批判的な専門家は「試算は、原発を大きなトラブルなく長く運転できることが前提。過去の稼働状況や費用の実績をもとに計算すれば、発電コストは高くなる。建設費用も震災後は世界的に上昇している」と指摘する。

　経産省の試算には、費用の見積もりが仮置き*8にすぎない項目も目につく。たとえば核燃料サイクル*9は技術が確立されておらず、具体的な進め方も未定の部分が多い。長年の懸案である高レベル放射性廃棄物*10

の最終処分地選びは遅々として進まない。これらは既存の原発にもかかわる問題だ。

歴代の政権は、原発推進の旗を振りつつ、「負の課題」については先送りやその場しのぎを繰り返してきた。そんなやり方は、もはや限界だ。

脱原発への具体策を

今年は国のエネルギー基本計画を見直す時期に当たる。この機をとらえ、原発をはじめ各電源の経済性やリスク、利点を精査し、新計画に反映させるべきだ。原発推進派だけでなく、批判的な専門家も招き、多角的に検討することが欠かせない。

海外に目を向ければ、ドイツや台湾が脱原発を決めた。他の先進国でも原発を前倒しで閉鎖したり、原発への依存度を下げる目標を掲げたりする動きが出ている。安全性を重視する社会では、事故や廃棄物への対策が解決できていない原発は、手に余るものになりつつある。

そのきっかけとなったのが、福島の事故だった。安全規制の強化とコストの上昇は最近の東芝[*11]の経営危機にもつながった。

安倍政権がなすべきなのは、原発を取り巻く現実や再稼働に慎重な民意に向き合い、原発への依存度を着実に下げていく具体策を真剣に練ることである。

閉鎖的な「原子力ムラ[*12]」の論理が幅を利かせ、安全神話[*13]がはびこった結果、福島で何が起きたか。この6年間をいま一度思い起こし、エネルギー政策を合理的で持続可能なものに作り替えなければならない。

(2017年3月9日付『朝日新聞』)

注 *1 2011年3月11日に東日本で起こった大震災。東北地方太平洋沖で大地震（マグニチュード9.0）が発生し、それに伴って大津波が東北地方と関東地方の太平洋沿岸部を襲った。死者・行方不明者は約20,000人。また、この地震と津波により東京電力福島第一原子力発電所が事故を起こし、大量の放射性物質が

　　　　放出された。
＊2　道の途中。
＊3　放射線量。
＊4　「東京電力」（企業名）の略。
＊5　炉心の温度が異常に高くなり核燃料が溶けること。メルトダウン（meltdown）。
＊6　（東電を）保護することを前提としている（政府）。
＊7　電力の小売り自由化（2000年3月スタート、2016年4月完全自由化）に伴って生まれた新しい電気事業者。
＊8　あとで修正するつもりで一時的に書き入れたもの。
＊9　使用済み核燃料を再処理してウランとプルトニウムを取り出し、燃料として再利用すること。
＊10　使用済み核燃料を再処理してウランとプルトニウムを取り出したあとに残る放射能レベルの高い廃液。再処理しない場合は、使用済み核燃料そのもの。
＊11　企業名。（TOSHIBA）
＊12　原発の推進により利益を得ている村社会的集団（政治家、企業、研究者から成る）。
＊13　「絶対に安全なものである」という根拠のない考え。

I　漢字の読み方と語句の使い方

1．本文の漢字の読み方を下記で確認してください。

2．下線のある語句の意味と使い方を巻末の「語句の用例」で確認してください。

本当に「原発は安い」のか

　東日本大震災からまもなく6年。復興はまだ道半ばだが、とりわけ原発被災地の福島県では今も8万人が避難生活を強いられ、地域社会の再生は見えない。原発事故の被害とその処理費用も膨らみ続けている。
　にもかかわらず①、政権は原発を「重要な基幹電源」として、

①…にもかかわらず

今後も積極的に使う構えだ。

　事故の惨禍を目の当たりにしてもなお、原発に頼り続けることに理はあるのだろうか。政府や電力業界が言うように、本当に「原発は安い」のか。

膨らみ続ける費用

　東京都内のホール。福島第一原発の事故で全町避難を強いられた福島県浪江町が2月に開いた住民との懇談会で、避難者たちが次々に悲痛な声を上げた。

　「除染が終わったと連絡が来たが、線量は十分に下がっていない。これでは②家に帰れない」。

　「私たちは原発事故で町を追い出された。帰れない人には東電が家賃を払い続けるべきだ」。

　浪江町の中心部は今月末に避難指示が解除され、住民は戻れるようになる。ただ、楢葉町など指示がすでに解除された地区では帰還率が1割ほどのところが多く、先行きは厳しい。

　炉心溶融を起こした原子炉の内部は、惨状がようやく見え始めたところだ。高熱で曲がった鉄格子、こびりついた黒い塊……。東京電力は2号機に調査ロボットを投入したが、人間なら数分足らずで致死量に達する強い放射線や堆積物に途中で阻まれた。溶け落ちた核燃料を取り出す道筋は見当もつかない。

　賠償や除染、廃炉などの費用について経済産業省は昨年末、総額21.5兆円にのぼるとの③見通しを示した。従来想定の2倍で、巨額の負担が電気料金や税金として国民にのしかかる。そもそも④、壊された生活や地域社会など金銭では表せない被害もある。痛手は計り知れない。

保護ありきの政府

　政府は東電をつぶさないため、支援策のてこ入れに乗り出し

②…では

③…との

④…そもそも

た⑤。東電や原発を持つ電力大手各社が負担してきた賠償費を、今後40年間にわたって⑥、電力自由化で参入した「新電力」にも一部負担させる方針だ。

これは、自由化でめざす消費者の利益より、原発の保護を優先するやり方にほかならない⑦。原発を持たない新電力にも原発固有のコストを押しつけ、大手の負担を軽くするからだ。

なりふり構わぬ姿勢から浮かび上がるのは、原発はもはや強力な政策支援がないと成り立たないという実態である。

それでも、経産省は「福島事故の費用を織り込んでも、原発のコスト面の優位性は変わらない」と言う。引き合いに出すのは15年に示した試算だ。原発を新設する場合の発電コストについて、火力や自然エネルギーなど他の電源より低いとする⑧。30年度時点で必要な電気の2割ほどを原発でまかなう⑨政策の根拠としている⑧。

だが、これにはさまざまな疑問が出ている。原発に批判的な専門家は「試算は、原発を大きなトラブルなく長く運転できることが前提⑩。過去の稼働状況や費用の実績をもとに⑪計算すれば、発電コストは高くなる。建設費用も震災後は世界的に上昇している」と指摘する。

経産省の試算には、費用の見積もりが仮置きにすぎない⑫項目も目につく⑬。たとえば核燃料サイクルは技術が確立されておらず⑭、具体的な進め方も未定の部分が多い。長年の懸案である高レベル放射性廃棄物の最終処分地選びは遅々として進まない。これらは既存の原発にもかかわる⑮問題だ。

歴代の政権は、原発推進の旗を振りつつ⑯、「負の課題」については先送りやその場しのぎを繰り返してきた。そんなやり方は、もはや限界だ。

⑤…のりだす
⑥…わたる

⑦…ほかならない

⑧…する
⑨…まかなう
⑧…する

⑩…ぜんてい
⑪…もとに

⑫…にすぎない
⑬…めにつく
⑭…ており

⑮…かかわるa
⑯…つつ

脱原発への具体策を

　今年は国のエネルギー基本計画を見直す時期に当たる⑰。この機をとらえ、原発をはじめ⑱各電源の経済性やリスク、利点を精査し、新計画に反映させるべきだ。原発推進派だけでなく、批判的な専門家も招き、多角的に検討することが欠かせない⑲。

　海外に目を向ければ、ドイツや台湾が脱原発を決めた。他の先進国でも原発を前倒しで閉鎖したり、原発への依存度を下げる目標を掲げたりする動きが出ている。安全性を重視する社会では、事故や廃棄物への対策が解決できていない原発は、手に余るものになりつつある⑳。

　そのきっかけ㉑となったのが、福島の事故だった。安全規制の強化とコストの上昇は最近の東芝の経営危機にもつながった㉒。

　安倍政権がなすべきなのは、原発を取り巻く現実や再稼働に慎重な民意に向き合い、原発への依存度を着実に下げていく具体策を真剣に練ることである。

　閉鎖的な「原子力ムラ」の論理が幅を利かせ、安全神話がはびこった結果㉓、福島で何が起きたか。この６年間をいま一度思い起こし、エネルギー政策を合理的で持続可能なものに作り替えなければならない。

⑰…あたるb
⑱…はじめ
⑲…かかす
⑳…つつある
㉑…きっかけ
㉒…つながる
㉓…けっか

3．本文の内容に合わせて、以下の空欄を埋めてください。

（1）浪江町が開いた懇談会で避難者たちは悲痛な声を＿＿＿＿＿＿た。

（2）浪江町の中心部は避難指示が＿＿＿＿＿＿る予定だ。

（3）この強い放射線は人間なら数分足らずで致死量に＿＿＿＿＿＿る。

（4）溶け落ちた核燃料を＿＿＿＿＿＿のは非常に難しい。

（5）歴代の政権は原発推進の旗を＿＿＿＿＿＿てきた。

（6）海外に目を＿＿＿＿＿＿ば、諸外国で脱原発の動きが出ている。

（7）原発への依存度を下げる目標を＿＿＿＿＿＿ている国もある。

（8）安全性を重視する社会では、原発は手に＿＿＿＿＿＿ものになっている。

II 話す練習（この文章の内容について、次の質問に答えてください。）

1．浪江町が開いた懇談会で避難者たちからどのような声が上がりましたか。
   - キーワード　除染、連絡、線量 // 東電、家賃

2．炉心溶融を起こした原子炉の内部にはどのような問題がありますか。
   - キーワード　調査ロボット、強い放射線、堆積物 // 核燃料

3．費用の点では、どのような問題がありますか。
   - キーワード　賠償・除染・廃炉、経済産業省、総額21.5兆円 // 電気料金、税金

4．東電を支援するために、政府はどのような方針を出しましたか。それについて、筆者はどう述べていますか。
   - キーワード　賠償費、40年間、新電力 // 自由化、消費者の利益、原発の保護 // 原発、強力な政策支援、成り立たない

5．経産省はどのように言っていますか。
   - キーワード　福島事故の費用、コスト面、優位性 // 試算、発電コスト、火力・自然エネルギーなど

6．経産省の試算についてどのような疑問があると筆者は述べていますか。
   - キーワード　大きなトラブル、運転 // 過去の稼働状況、費用の実績、発電コスト // 建設費用、震災後 // 核燃料サイクル、技術 // 高レベル放射性廃棄物、最終処分地

7．政府がなすべきことはどのようなことだと、筆者は述べていますか。
   - キーワード　原発への依存度、具体策 // エネルギー政策、合理的、持続可能

8．あなたの国では原発についてどのような議論がありますか。あなた自身はどう思いますか。この文章について、あなたはどのような感想・意見を持ちましたか。

Ⅲ 書く練習

1．Ⅰの2の「にもかかわらず」「のりだす」「まかなう」「にすぎない」「めにつく」「あたるｂ」「はじめ」「かかす」を使って、それぞれ一つずつ文を作ってください。

2．この文章について、あなたの国の状況にも触れながら、感想・意見を800字〜1,200字で書いてください。

VI

環境と人間

24. タバコのもたらすもの

喫煙者は10年早く死亡する

喫煙による健康障害のほとんどはきわめて徐々に進行するため、初期段階は目に見えず、危険性を自覚できない。イギリスにおいて3万4,000人あまりの医師を対象にして、調査に協力することを約束して登録した喫煙者と非喫煙者の生死を、長年にわたって調査する前方向研究[*1]がおこなわれた。

その結果、なんと喫煙者は非喫煙者よりも平均で10年も早く死亡することがわかった（図2.4）。多数の人を対象に生死を長期間追跡していくこのような研究をおこなうことは、けっしてかんたんではないが、健康問題のプロである医師の協力によってえられた研究成果はおおいに信頼できる。これらの研究成果をもとにして禁煙政策が実施され、イギリスは現在、世界でもっともタバコ規制のすすんだ国になっている。

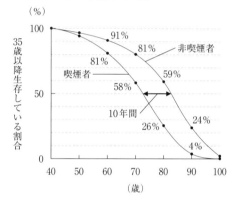

図2.4　イギリスの男性医師3万4439人を対象とした追跡研究（Dollらの報告による）

間接的健康障害（表2.3）

タバコの煙は、ニコチンや発がん物質など多数の有害物質をふくんでいることが立証されているため、喫煙者に直接的健康障害をおよぼしていることについては、反論の余地はない。一方、まわりにいる非喫煙者の健康にも悪影響をおよぼす間接的健康障害に関しては、科学的根拠が希薄であるとの反論が、タバコ産業界から出されていた。

しかしながら、2004年に世界保健機関（ＷＨＯ）とイギリスの「タバコか健康かに関する」科学委員会が、2005年にアメリカ・カリフォルニア[*2]州環境局が、そして2006年にアメリカ公衆衛生局総監が、つぎつぎに発表した詳細な報告書において、受動喫煙も健康障害をひきおこすことが、科学的根拠をもってしめされ、論争に終止符がうたれた。最後に出されたアメリカ公衆衛生局総監の報告書は900ページをこえ、あらゆる反論に答えており、タバコが喫煙者自身のみならず、まわりにいる非喫煙者の健康にも悪影響をおよぼしていることを証明している。

タバコの煙をまわりの人が吸いこむ受動喫煙により、肺がん、心臓病やぜんそくをはじめとする呼吸器の病気などになる危険性が1.2～1.3倍にふえる。また、赤ちゃんが原因不明で死亡する乳幼児突然死症候群は、家庭内の喫煙者の存在、とくに父母の喫煙と密接に関連しており、受動喫煙により吸収されたニコチンが原因であろうと考えられている。事実、家庭内に喫煙者のいない赤ちゃんの尿にはニコチンはほとんど検出されないのに、家庭内に喫煙者のいる赤ちゃんの尿にはかなり高い濃度のニコチンが検出されると報告されている。

表2.3　受動喫煙によっておきる病気

・確証のある病気
　心筋梗塞、狭心症
　肺がん、副鼻腔がん
　胎児の成長阻害、乳幼児突然死症候群
　小児の気管支炎・肺炎・ぜんそく
・影響が示唆される病気
　子宮頸がん、呼吸機能低下、流産

ＷＨＯは192ヵ国のデータを分析し、受動喫煙によって世界全体で毎年約60万人が死亡しており、このうちの約16万5,000人は5歳未満の子どもであることを、2010年に報告している。

すなわち、15歳未満の子どもの40％、非喫煙女性の35％、非喫煙男性の33％が受動喫煙にさらされていると推定し、これが肺がん、心臓病、ぜんそくや呼吸器感染症などをひきおこしているので、全死亡の約1％は受動喫煙が原因になっていると推計している。とくにアフリカや南アジアなどの開発途上国で、子どもの健康におよぼす影響が大きい

ことが指摘されている。

　日本でも厚生労働省研究班が、受動喫煙が原因となって肺がんや心臓病などで死亡する成人は、毎年約6,800人にのぼるという推計値を、2010年に報告している。このうち女性が約4,600人と、被害が大きい。全体のうち半数以上の約3,600人は、職場での受動喫煙による犠牲者とみられている。タバコを吸わない約7,600万人の成人（女性約4,800万人、男性約2,800万人）のうち、女性の約30％と男性の約6％は家庭で、女性の約20％と男性の約30％は職場で、それぞれ受動喫煙の危険にさらされていると推定している。

火災と環境への影響

　タバコは火災の原因にもなり、経済的に大きな損害を与えている。

　タバコが出火原因となった火災は、1996年には全国の火災の11.1％をしめ、第1位だった。その後、日本人の喫煙率が徐々に減少しているため、タバコが原因となった火災も毎年減少しているものの、2009年には、放火（疑いをふくむ）、コンロについで第3位であり、9.8％をしめている。

　一方、死者の発生した建物火災では、タバコは出火原因の第1位で15.5％をしめて、209人の死者を発生させている（表2.4）。2009年の総火災損害額は約930億円であり、そのうち約110億円がタバコによる火災によって直接的損害をうけている。しかし、死者や負傷者の医療費などの損害額は、この数値にふくまれていない。

表2.4　タバコが原因による火災（2009年度）

全国
- 全火災の9.8％（3位）[1位：放火（疑いふくむ）、2位：コンロ]
- 死者の発生した建物火災（死者数1499人）の15.5％（1位）
- タバコが原因の火災による直接的損害額：約110億円

東京都
- 火災の13.8％（2位）
- 放火（疑いふくむ）を除外した失火の20.4％（1位）

　都市型火災発生の代表地域である東京都においては、2009年にはタ

バコが放火についで出火原因の第2位で、全体の13.8％をしめている。放火をのぞいた火災、すなわち、誤って火事になる失火の原因としては20.4％をしめて第1位であることは看過すべきでない（表2.4）。

さらに、日本においては、消防庁・消防署による専門職に加え、とくに地方では消防団[*3]が消防活動をになっている。これらを運営する費用のかなりの部分は、火災にたいする消火活動費として使われていると考えられる。したがって、タバコのない社会が実現し、タバコによる火災が激減すれば、相当の経済的節約が全国規模で可能になるだろう。

また、ポイ捨てされた[*4]タバコの清掃のために、日本では毎年約40億円が使われていると試算されている。

一般社団法人ＪＥＡＮ（ジーン）による、海岸に漂着しているごみの数についての2010年秋の調査によれば、タバコの吸殻・フィルターは、硬質プラスチック破片についで第2位で、すべての漂着ごみの14.9％をしめている（図2.5）。陸起源（日常・産業・医療／衛生など）の海岸漂着ごみの中では第1位で、海洋環境汚染の大きな原因となっている。タバコフィルターはセルロース・アセテートと化成ポリマーよりなっている[*5]ため、分解までに数年を要し、長期間にわたり環境を汚染している。

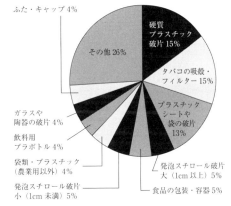

図2.5　海岸漂着ごみの個数の割合（JEAN「クリーンアップキャンペーン2010レポート」より）

（大野竜三『タバコとわたしたち』岩波ジュニア新書2011）

注　*1　研究の計画・開始後に生じる現象を調査する研究。「前向き研究」とも言う。
　　*2　（California）
　　*3　自治体（市町村など）に設置される消防機関。一般市民で構成され自治体から装備や手当が支給される。

＊4　地面などに投げ捨てられた。
＊5　…から作られている。

I　漢字の読み方と語句の使い方

1．本文の漢字の読み方を下記で確認してください。

2．下線のある語句の意味と使い方を巻末の「語句の用例」で確認してください。

タバコのもたらすもの

喫煙者は10年早く死亡する

　喫煙による①健康障害のほとんどはきわめて徐々に進行するため、初期段階は目に見えず②、危険性を自覚できない。イギリスにおいて③3万4,000人あまりの医師を対象にして、調査に協力することを約束して登録した喫煙者と非喫煙者の生死を、長年にわたって④調査する前方向研究がおこなわれた。

　その結果⑤、なんと⑥喫煙者は非喫煙者よりも平均で10年も早く死亡することがわかった（図2.4）。多数の人を対象に生死を長期間追跡していくこのような研究をおこなうことは、けっしてかんたんではないが、健康問題のプロである医師の協力によって⑦えられた研究成果はおおいに信頼できる。これらの研究成果をもとにして⑧禁煙政策が実施され、イギリスは現在、世界でもっともタバコ規制のすすんだ国になっている。

間接的健康障害（表2.3）

　タバコの煙は、ニコチンや発がん物質など多数の有害物質をふくんでいることが立証されているため、喫煙者に直接的健康

①…よるb
②…ず
③…において

④…わたる
⑤…けっか
⑥…なんと

⑦…よるa

⑧…もとに

障害をおよぼしていることについては、反論の余地はない。一方、まわりにいる非喫煙者の健康にも悪影響をおよぼす間接的健康障害に関しては、科学的根拠が希薄であるとの反論が、タバコ産業界から出されていた。

しかしながら、2004年に世界保健機関（WHO）とイギリスの「タバコか健康かに関する」科学委員会が、2005年にアメリカ・カリフォルニア州環境局が、そして2006年にアメリカ公衆衛生局総監が、つぎつぎに発表した詳細な報告書において、受動喫煙も健康障害をひきおこすことが、科学的根拠をもってしめされ、論争に終止符がうたれた。最後に出されたアメリカ公衆衛生局総監の報告書は900ページをこえ、あらゆる反論に答えており、タバコが喫煙者自身のみならず、まわりにいる非喫煙者の健康にも悪影響をおよぼしていることを証明している。

タバコの煙をまわりの人が吸いこむ受動喫煙により、肺がん、心臓病やぜんそくをはじめとする呼吸器の病気などになる危険性が1.2〜1.3倍にふえる。また、赤ちゃんが原因不明で死亡する乳幼児突然死症候群は、家庭内の喫煙者の存在、とくに父母の喫煙と密接に関連しており、受動喫煙により吸収されたニコチンが原因であろうと考えられている。事実、家庭内に喫煙者のいない赤ちゃんの尿にはニコチンはほとんど検出されないのに、家庭内に喫煙者のいる赤ちゃんの尿にはかなり高い濃度のニコチンが検出されると報告されている。

WHOは192ヵ国のデータを分析し、受動喫煙によって世界全体で毎年約60万人が死亡しており、このうちの約16万5,000人は5歳未満の子どもであることを、2010年に報告している。

すなわち、15歳未満の子どもの40％、非喫煙女性の35％、非喫煙男性の33％が受動喫煙にさらされていると推定し、これ

が肺がん、心臓病、ぜんそくや呼吸器感染症などをひきおこしているので、全死亡の約1％は受動喫煙が原因になっていると推計している。とくにアフリカや南アジアなどの開発途上国で、子どもの健康におよぼす影響が大きいことが指摘されている。

日本でも厚生労働省研究班が、受動喫煙が原因となって肺がんや心臓病などで死亡する成人は、毎年約6,800人にのぼるという推計値を、2010年に報告している。このうち女性が約4,600人と、被害が大きい。全体のうち半数以上の約3,600人は、職場での受動喫煙による犠牲者とみられている。タバコを吸わない約7,600万人の成人（女性約4,800万人、男性約2,800万人）のうち、女性の約30％と男性の約6％は家庭で、女性の約20％と男性の約30％は職場で、それぞれ受動喫煙の危険にさらされていると推定している。

火災と環境への影響

タバコは火災の原因にもなり、経済的に大きな損害を与えている。

タバコが出火原因となった火災は、1996年には全国の火災の11.1％をしめ、第1位だった。その後、日本人の喫煙率が徐々に減少しているため、タバコが原因となった火災も毎年減少しているものの、2009年には、放火（疑いをふくむ）、コンロについで第3位であり、9.8％をしめている。

一方、死者の発生した建物火災では、タバコは出火原因の第1位で15.5％をしめて、209人の死者を発生させている（表2.4）。2009年の総火災損害額は約930億円であり、そのうち約110億円がタバコによる火災によって直接的な損害をうけている。しかし、死者や負傷者の医療費などの損害額は、この数値にふくまれていない。

都市型火災発生の代表地域である東京都においては、

2009年にはタバコが放火についで出火原因の第2位で、全体の13.8％をしめている。放火をのぞいた火災、すなわち、誤って火事になる失火の原因としては20.4％をしめて第1位であることは看過すべきでない（表2.4）。

さらに、日本においては、消防庁・消防署による専門職に加え、とくに地方では消防団が消防活動をになっている。これらを運営する費用のかなりの部分は、火災にたいする消火活動費として使われていると考えられる。したがって、タバコのない社会が実現し、タバコによる火災が激減すれば、相当の経済的節約が全国規模で可能になるだろう。

また、ポイ捨てされたタバコの清掃のために、日本では毎年約40億円が使われていると試算されている。

一般社団法人JEAN（ジーン）による、海岸に漂着しているごみの数についての2010年秋の調査によれば、タバコの吸殻・フィルターは、硬質プラスチック破片についで第2位で、すべての漂着ごみの14.9％をしめている（図2.5）。陸起源（日常・産業・医療／衛生など）の海岸漂着ごみの中では第1位で、海洋環境汚染の大きな原因となっている。タバコフィルターはセルロース・アセテートと化成ポリマーよりなっているため、分解までに数年を要し、長期間にわたり環境を汚染している。

⑳…つぐ
⑱…しめる

⑱…しめる

③…において
⑦…よるa
㉑…くわえる

①…よるb

⑦…よるa
㉒…によれば
⑳…つぐ
⑱…しめる

④…わたる

3．本文の内容に合わせて、以下の空欄を埋めてください。

（1）喫煙による健康障害は徐々に＿＿＿＿＿＿する。

（2）イギリスで医師を＿＿＿＿＿＿して長年にわたる調査が行われた。

（3）受動喫煙も健康障害を＿＿＿＿＿＿ことが科学的に証明された。

（4）詳細な報告書によって、論争に終止符が＿＿＿＿＿＿た。

（5）家庭内に喫煙者のいる赤ちゃんの尿には高い濃度のニコチンが＿＿＿＿

　　　　　　＿＿＿されるという。

（6）受動喫煙が原因で死亡する成人は毎年約6,800人に＿＿＿＿＿＿＿る。

（7）非喫煙者も家庭や職場で受動喫煙の危険に＿＿＿＿＿＿＿いる。

（8）タバコフィルターは長期間にわたり環境を＿＿＿＿＿＿＿いる。

Ⅱ　話す練習（この文章の内容について、次の質問に答えてください。）

1．イギリスでの医師を対象にした調査からどのようなことが分かりましたか。図2.4を見ながら、話してください。

2．受動喫煙が引き起こす健康障害について、どのように論争がなされてきましたか。
　　🔑 キーワード　科学的根拠、反論、タバコ産業界 // 2004年～2006年、WHOなど

3．受動喫煙による健康障害は、具体的にどのようなものですか。
　　🔑 キーワード　肺がん・心臓病・呼吸器の病気、1.2～1.3倍 // 赤ちゃん、突然死、父母の喫煙

4．WHOは受動喫煙について、2010年にどのようなデータを報告しましたか。
　　🔑 キーワード　毎年60万人、死亡 // 16万5,000人、5歳未満

5．厚生労働省研究班は、2010年にどのようなデータを報告しましたか。
　　🔑 キーワード　受動喫煙、肺がん・心臓病、死亡、成人、毎年6,800人 // 半数以上、職場 // 非喫煙者、女性の30%、男性の6%、家庭、女性の20%、男性の30%、職場、受動喫煙の危険

6．タバコが出火原因となった火災は、2009年にはどのような状況でしたか。表2.4を見ながら、話してください。

7．ごみとなったタバコについて、筆者はどのようなデータを紹介していますか。
　　➡ キーワード　清掃、毎年40億円 // 海岸漂着ごみ、吸殻・フィルター、第2位、14.9%、陸起源、第1位、海洋環境汚染

8．あなたの国では喫煙者の割合に変化がありますか。タバコについてどのような規制がありますか。受動喫煙についてどのような対策がとられていますか。この文章について、あなたはどのような感想・意見を持ちましたか。

Ⅲ　書く練習

1．Ⅰの2の「およぼす」「よち」「ており」「のみならず」「よるb」「しめる」「つぐ」「によれば」を使って、それぞれ一つずつ文を作ってください。

2．この文章について、あなたの国の状況にも触れながら、感想・意見を800字～1,200字で書いてください。

25. 検証の壁、挑み続ける科学者—地球温暖化問題—

　この夏、列島は激しい雨に脅かされている。特に7月上旬の九州北部の集中豪雨では、40人を超す死者・行方不明者が出るなど深刻な被害が出た。町を埋め尽くす流木の映像に驚いた方も多かったのではないか。

　各地の被災現場では、しばしば「長くこの土地で暮らしてきたが、こんなことは初めて」と語る老人の姿が見られた。「数十年に一度の豪雨」といった言葉も頻繁に聞く。

　ほかにも、ゲリラ豪雨[*1]や竜巻、寿命が長すぎる台風など、異常気象に関するニュースは絶えることがない。常態化する異常気象は、いずれ「異常」と呼ばれなくなるだろう。

　このような状況を前にして私たちの脳裏に浮かぶのは、「温暖化」という言葉であろう。この夏、頻発する豪雨も、「化石燃料[*2]を人類が好き放題に燃やしてきた結果」なのだろうか。今回は、いわゆる地球温暖化問題について少し考えてみたい。

　この仮説が一般に知られるようになったのは、20世紀の後半であるが、その可能性に関する指摘は意外に古い。19世紀の前半、フランスのフーリエ[*3]という科学者は、太陽からもたらされる熱量に比べて、地球の気温が高すぎることに気づいた。彼は、その原因を大気の「温室効果」によるものだろうと考えた。

　また、スウェーデンのアレニウス[*4]は、二酸化炭素の増加によって気温が上がることを、19世紀の末に指摘した。二酸化炭素の濃度が2倍になれば、気温が5～6度上昇するだろうという予測もすでに示している。

　だがそれらの科学的な知見を結びつけ、具体的な問題として捉え直し

議論の俎上（そじょう）に載せたのは、1960年代の環境ＮＧＯであり、また米国大統領の科学的助言委員会であった。さらに、それが地球全体にとって重要な共通課題として広く共有されたのは、80年代後半から90年代にかけてのことである。

　理論的可能性が提示されてから、世界が行動に移していくまでに長い時間がかかったように見えるが、現実の被害が顕在化する前に対策が始まったという点では、迅速な対応ともいえる。このような温暖化問題の「捉えにくさ」は、従来の科学の枠組みに収まりきらない、この問題の特殊な性格と深く関わっている。

　まず、この仮説を検証するための実験が困難であったことが挙げられる。もし、地球を二つ用意して、一方では二酸化炭素の放出を続け、もう一方では放出を止め、長い時間をおいて両者の違いを観察することができれば、仮説は「簡単に」検証できるだろう。だが、そんなことは当然不可能だ。化学物質の反応や、物体の運動といったほかのケースと、この点で大きく異なるのだ。

　この分野の研究は直接の実験ができないので、各種の仮定をおいて理論的な計算を行う「シミュレーション」に依存する部分が拡大する。だがその分、どうしても不確実性が大きくなる。精度を高めるには、できるだけ多くのデータを集める必要があるが、地球全体の問題であるために、対象が時間的・空間的に非常に広範囲に及んでしまう。

　たとえば、気温や降水量といった、基本的な気象データはどのくらい昔のものがあるのだろうか。日本について言えば、18世紀の後半にオランダから温度計などが輸入され、断片的には測定値も残っている。しかし本格的な観測は気象台が設置された明治以降であり、正確なデータは、過去百数十年分に限られる。気候変動の時間スケールは、これに比べてはるかに大きい。そこで研究者たちは、日記などの歴史的文献の検討も含め、さまざまな方法で過去の気候を推測しようと努力している。

もう一つ、二酸化炭素の放出の後、実際に気候が変化するまでに、かなり時間がかかるというのも大きな問題だ。因果関係の理解は、科学の要である。たとえば、磁石の性質を私たちが容易に把握できるのは、磁石を鉄などに近づけてから吸い付けられるまでの時間が、非常に短いからである。仮にそれが1年かかるとしたら、きっと磁石という現象は、因果関係として捉えられないだろう。原因と結果が時間的に離れている現象は、科学的理解のスコープ[*5]からはずれてしまいやすいのだ。

　以上のように地球温暖化問題は、科学的に実態を把握すること自体に根本的な難しさを伴う。これは、政策決定者に対して、政治的な判断の余地を大きくする作用を持つ。なぜなら科学的不確実性が高い分、事実によって政策判断が自動的に決まる領域が狭まるからだ。これが、地球温暖化問題が政治問題化しやすい、一つの大きな要因なのである。

　それでも、世界中の専門家が努力を続けた結果、最新の報告書では、人為的な二酸化炭素の放出によって温暖化が起きている可能性が極めて高いと、結論づけられるところまで来た。これは重要な成果であろう。

　最初の問いに戻るならば、私たちが体感するようになった最近の異常気象は、地球温暖化と関係していると理解すべき証拠も確実に増えているのだ。

　このほか、外交プロセスとしての地球温暖化問題など、議論すべきことは多々あるが、別の機会に譲ろう。一点だけ追記しておきたいのは、今、パリ協定[*6]から離れようとしている米国こそが、最初にこの問題の深刻さを理解し、本格的な科学的検討を開始したこと、そして今も多くの中心的なメンバーが米国で活躍している、という事実である。私たちはアメリカという国の重層性と奥深さを、忘れるべきではない。

（神里達博 2017年8月18日付『朝日新聞』）

注 *1　予測の難しい局地的な豪雨。（guerrilla）
　　*2　大昔の動植物の死骸に起源をもつ燃料。石炭、石油、天然ガスなど。
　　*3　Jean Baptiste Joseph Fourier（1768-1830）
　　*4　Svante August Arrhenius（1859-1927）
　　*5　範囲。（scope）
　　*6　地球温暖化を抑えることを目指して温室効果ガスの排出削減のための取り組みを定めた多国間の協定。2015年12月にパリで採択。

Ⅰ　漢字の読み方と語句の使い方

1．本文の漢字の読み方を下記で確認してください。

2．下線のある語句の意味と使い方を巻末の「語句の用例」で確認してください。

検証の壁、挑み続ける科学者―地球温暖化問題―

　この夏、列島は激しい雨に脅かされている。特に7月上旬の九州北部の集中豪雨では、40人を超す死者・行方不明者が出るなど深刻な被害が出た。町を埋め尽くす流木の映像に驚いた方も多かったのではないか①。

　各地の被災現場では、しばしば「長くこの土地で暮らしてきたが、こんなことは初めて」と語る老人の姿が見られた。「数十年に一度の豪雨」といった言葉も頻繁に聞く。

　ほかにも②、ゲリラ豪雨や竜巻、寿命が長すぎる台風など、異常気象に関する③ニュースは絶えることがない。常態化する異常気象は、いずれ「異常」と呼ばれなくなるだろう。

　このような状況を前にして私たちの脳裏に浮かぶのは、「温暖化」という言葉であろう。この夏、頻発する豪雨も、「化石

①…のではないか

②…ほか

③…かんする

燃料を人類が好き放題に燃やしてきた結果」なのだろうか。今回は、いわゆる④地球温暖化問題について少し考えてみたい。

　この仮説が一般に知られるようになったのは、20世紀の後半であるが、その可能性に関する③指摘は意外に古い。19世紀の前半、フランスのフーリエという科学者は、太陽からもたらされる⑤熱量に比べて、地球の気温が高すぎることに気づいた。彼は、その原因を大気の「温室効果」による⑥ものだろうと考えた。

　また、スウェーデンのアレニウスは、二酸化炭素の増加によって⑥気温が上がることを、19世紀の末に指摘した。二酸化炭素の濃度が2倍になれば、気温が5〜6度上昇するだろうという予測もすでに示している。

　だがそれらの科学的な知見を結びつけ、具体的な問題として捉え直し議論の俎上に載せたのは、1960年代の環境NGOであり、また米国大統領の科学的助言委員会であった。さらに、それが地球全体にとって⑦重要な共通課題として広く共有されたのは、80年代後半から90年代にかけてのことである。

　理論的可能性が提示されてから、世界が行動に移していくまでに長い時間がかかったように見えるが、現実の被害が顕在化する前に対策が始まったという点では、迅速な対応ともいえる。このような温暖化問題の「捉えにくさ」は、従来の科学の枠組みに収まりきらない、この問題の特殊な性格と深く関わっている⑧。

　まず、この仮説を検証するための実験が困難であったことが挙げられる⑨。もし、地球を二つ用意して、一方では二酸化炭素の放出を続け、もう一方では放出を止め、長い時間をおいて両者の違いを観察することができれば、仮説は「簡単に」検証できるだろう。だが、そんなことは当然不可能だ。化学物質の反応や、物体の運動といったほかのケースと、この点で大きく異なるのだ。

　この分野の研究は直接の実験ができないので、各種の仮定を

④…いわゆる

③…かんする

⑤…もたらす

⑥…よるb

⑥…よるb

⑦…にとって

⑧…かかわるa

⑨…あげる

おいて理論的な計算を行う「シミュレーション」に依存する部分が拡大する。だがその分⑩、どうしても⑪不確実性が大きくなる。精度を高めるには⑫、できるだけ⑬多くのデータを集める必要があるが、地球全体の問題であるために、対象が時間的・空間的に非常に広範囲に及んで⑭しまう。

たとえば、気温や降水量といった、基本的な気象データはどのくらい昔のものがあるのだろうか。日本について言えば、18世紀の後半にオランダから温度計などが輸入され、断片的には測定値も残っている。しかし本格的な観測は気象台が設置された明治以降であり、正確なデータは、過去百数十年分に限られる⑮。気候変動の時間スケールは、これに比べてはるかに大きい。そこで研究者たちは、日記などの歴史的文献の検討も含め、さまざまな方法で過去の気候を推測しようと努力している。

もう一つ、二酸化炭素の放出の後、実際に気候が変化するまでに、かなり時間がかかるというのも大きな問題だ。因果関係の理解は、科学の要である。たとえば、磁石の性質を私たちが容易に把握できるのは、磁石を鉄などに近づけてから吸い付けられるまでの時間が、非常に短いからである。仮に⑯それが1年かかるとしたら⑰、きっと磁石という現象は、因果関係として捉えられないだろう。原因と結果が時間的に離れている現象は、科学的理解のスコープからはずれてしまいやすいのだ。

以上のように地球温暖化問題は、科学的に実態を把握すること自体⑱に根本的な難しさを伴う⑲。これは、政策決定者に対して、政治的な判断の余地⑳を大きくする作用を持つ。なぜなら科学的不確実性が高い分⑩、事実によって㉑政策判断が自動的に決まる領域が狭まるからだ。これが、地球温暖化問題が政治問題化しやすい、一つの大きな要因なのである。

それでも、世界中の専門家が努力を続けた結果㉒、最新の報

⑩…ぶん
⑪…どうしても
⑫…には
⑬…だけ

⑭…およぶ

⑮…かぎる

⑯…かりに
⑰…する

⑱…じたい
⑲…ともなう
⑳…よち
⑩…ぶん
㉑…よるa

㉒…けっか

告書では、人為的な二酸化炭素の放出によって⑥温暖化が起きている可能性が極めて高いと、結論づけられる㉓ところまで来た。これは重要な成果であろう。

最初の問いに戻るならば、私たちが体感するようになった最近の異常気象は、地球温暖化と関係していると理解すべき証拠も確実に増えているのだ。

このほか②、外交プロセスとしての地球温暖化問題など、議論すべきことは多々あるが、別の機会に譲ろう。一点だけ追記しておきたいのは、今、パリ協定から離れようとしている米国こそ㉔が、最初にこの問題の深刻さを理解し、本格的な科学的検討を開始したこと、そして今も多くの中心的なメンバーが米国で活躍している、という事実である。私たちはアメリカという国の重層性と奥深さを、忘れるべきではない。

⑥…よるb
㉓…づける
②…ほか
㉔…こそ

3．本文の内容に合わせて、以下の空欄を埋めてください。

（1）集中豪雨によって、多くの死者が＿＿＿＿＿＿た。

（2）異常気象を前にすると、「温暖化」という言葉が脳裏に＿＿＿＿＿＿。

（3）二酸化炭素の濃度が2倍になれば、気温が5〜6度＿＿＿＿＿＿する。

（4）環境ＮＧＯなどが地球温暖化問題を議論の俎上に＿＿＿＿＿＿た。

（5）地球温暖化問題では仮説を＿＿＿＿＿＿するための実験ができない。

（6）シミュレーションの精度を＿＿＿＿＿＿ためには、多くのデータが必要である。

（7）地球温暖化問題は、その実態を科学的に＿＿＿＿＿＿するのが難しい。

（8）二酸化炭素の＿＿＿＿＿＿によって温暖化が起きている可能性が高い。

Ⅱ　話す練習　（この文章の内容について、次の質問に答えてください。）

1. 地球温暖化の仮説が一般に知られるようになるまでの歴史を、筆者はどのように紹介していますか。
   - キーワード　19世紀前半、フーリエ、熱量、気温、「温室効果」// 19世紀末、アレニウス、二酸化炭素、気温 // 1960年代、環境ＮＧＯなど、具体的な問題、議論 // 80年代後半～90年代、共通課題、共有

2. 筆者は世界が行動を始めたことを「迅速な対応ともいえる」と述べていますが、それはどうしてですか。
   - キーワード　現実の被害、顕在化、対策

3. 地球温暖化問題の「特殊な性格」として、筆者は、まずどんなことを挙げていますか。
   - キーワード　仮説、検証、実験 // 各種の仮定、理論的な計算、「シミュレーション」、不確実性 // 精度、多くのデータ、時間的・空間的、広範囲

4. もう一つ、どんな点を挙げていますか。
   - キーワード　二酸化炭素、放出、気候が変化、時間、因果関係

5. 「地球温暖化問題が政治問題化しやすい」のはなぜだと筆者は述べていますか。
   - キーワード　科学的不確実性、事実、政策判断、自動的、領域

6. 「アメリカという国の重層性と奥深さ」として、筆者はどのようなことを述べていますか。
   - キーワード　パリ協定 // 科学的検討、開始、中心的なメンバー

7. あなたの国でも「異常気象」とそれによる被害がありますか。また、地球温暖化問題についてどのような議論がありますか。この文章について、あなたはどのような感想・意見を持ちましたか。

Ⅲ 書く練習

1. Ⅰの2の「のではないか」「かんする」「もたらす」「あげる」「およぶ」「かぎる」「ともなう」「こそ」を使って、それぞれ一つずつ文を作ってください。

2. この文章について、あなたの国の状況にも触れながら、感想・意見を800字〜1,200字で書いてください。

26. 人間のおごり

　3月11日[*1]、最初のゆれが来た時、私は何かいつもの地震と違う異常を感じ、家から飛び出した。大地の横揺れがひどく、立っていられない。庭に降りる階段の鉄の柱につかまって身を支えていると、庭木が小枝にいたるまで揺れ動いている。これまでに経験したことのない地震だ。

　とっさに頭をよぎったのは、怒った自然の前で、自分がこんなに小さく無力な存在なのかということだ。すぐに思ったのは、「環境保護」という言葉が、いかに人間中心の観念か、だった。環境を人間が保護するのではなく、自然環境が人間の生存を保護してくれてきたということだ。「地球にやさしく」というスローガンは無意識の人間のおごりであって、人間に対して、生殺与奪の力をもつ「地球がやさしく」してくれる時に、人間は生きていられるのだという直感である。

　その時は、まだ津波のことは知らなかった。間もなく、テレビでの警報の後、すさまじい高さと勢いの津波の映像を見て、自然が激怒しているように感じた。人間のおごりを徹底的に打ちのめすかのような怒濤だ。建造物をバラバラに解体し、人間の姿を見せる瞬間も与えず呑みこんでいく。何百、何千のひとが、海に流されてしまったのか。何人の命が、間一髪で生き延びられたのだろうか。這い上がる蛇のように、黒い水が次々に町を呑みこんでいく。

　無一物で避難所の寒さに耐えるひとの映像が見えるようになると、戦後の冬、暖房のない建物での耐乏生活で私が体験した時の身にしみた寒さが、骨の髄から滲み出てくる。どうぞ被災者が、特に私と同じような高齢者が、心は休まらなくても、少しでも身体を休められるよう願うと同時に、何もできない自分に苛立ちを感じる。

　そこに折り重なるように、原発の崩壊のニュースが入ってきた。火災、

爆発、大量の蒸気の上昇、どれもチェルノブイリ*2を連想するような不気味な事態だ。いちばん驚くのは、次々とテレビに登場する「専門家」も東電*3も、「中で何が起こっているか、よくわからない」「計器が故障している」などと言う以外にないという事実である。これまで何度も「事故」を起こしてきたにもかかわらず、「専門家」は、事故防止のために何をしてきたのか。東電は、独占企業として、危険を隠蔽してきたのではないか。

　これは「想定外」だというような言葉を、軽々しく使わないのが「専門家」と称する学者や企業の責任なのだ。かつて、アメリカの超タカ派の人物ハーマン・カーン*4が、核戦争について「考えられないことを考える」ことを主張し、核戦争になった時に生じるすべてを考えるよう主張した。核戦争は正気の沙汰ではないが、原発の開発・政策責任者は、どこまで原発事故について「考えられないことを考え」たのか。多くの人命をあずかっていながら、「想定外」ですむ問題ではない。しかも、地震や津波は、「想定」したものと異質の災害では全くない。彼らの「想定」におごりがあったのではないか。原発だけでなく、はるかに設計・製作が容易なはずの2つの火力発電所まで、地震でこわれたとは、地震国日本で、いったいどういう「事故」を「想定」していたのか。

　原発は、もともと自然界に僅かしか存在しないウラン235を原材料とするという点からして、根本的に自然に逆らう、おごりの発想の産物なのだ。自然界の、あらゆる報復は「想定内」のはずだ。放射性物質の降下の範囲が広がり、飲食物を汚染することは、1954年の第五福竜丸事件*5を経験した日本では、当然「想定内」のことだ。

　私は、かつてフランス大統領ミッテラン*6が1980年代に、「環境保護」という、怪しげな根拠で原発推進を主張したとき、その矮小な不条理を指摘したことがある。日本で、この凶器とも言うべき原発の「安全神話」*7を主張し、かばい続けたのは自民党政権であり、それにまつわり

つくゼネコン[*8]利権であることは周知の事実だが、今回の惨事について、自民党から「責任」を認めて詫びる言葉は、全く聞こえてこない。日本を政治責任意識欠如の国にした最大の責任は、誰よりも、50年にわたり政権を握っていた自民党にあることは明らかではないか。

　だが、今回の原発崩壊は、日本だけの問題ではない。それも、「グリーン・ニューディール」[*9]を旗印に、原発推進を唱えてきたオバマ政権や、ヨーロッパの多くの国のように、この事件に衝撃を受けて自問している国は、まだいい方である。『ニューヨーク・タイムズ』[*10]によれば、インドや中国や中東産油国は、この事件に関わりなく、原発増設に邁進すると公言している。なぜか。

　インドや中国は、「わが国には、まだ電力が及んでいない地域や階層が多数あり、原発増設は、当然の権利だ」と主張している。つまり、自国民に先進国並みの生活に達する当然の権利があるという考えだ。それは、「先進国」のおごりをモデルとし、平等の生活水準を追求する「権利」があるということだ。

　ここで、問題は「先進国」に返ってくる。「先進国」をモデルとする新興国や途上国が、世界中に原発を作る先鞭をつけたのは誰か。「唯一の被爆国」日本も、「原発先進国」に他ならない。だが日本は、後発国のこうした平等の権利の主張に乗じて、原発やその技術の輸出に期待をかけてきたのだ。

　21世紀の人類は、これまでの「先進国モデル」を誰もが追求することで生きていけるのか。それとも自滅するのか。

　日本国民は、人間のおごりの上に成り立つ、今の生き方、生活様式そのものを変革して、世界的格差のない人類共有となりうる「モデル」を創る道を探る時ではないか。今回の天災と人災とが、それを、われわれに問うているのだ。

（坂本義和『世界』2011年5月号　岩波書店）

注　＊1　2011年3月11日。
　　＊2　地名（旧ソ連。現ウクライナ。1986年4月26日、原発事故が起きた）。(Chernobyl)
　　＊3　「東京電力」（企業名）の略。
　　＊4　(Herman Kahn、1922-1983)
　　＊5　ビキニ環礁でのアメリカの水爆実験により漁船（第五福竜丸）が被爆した事件。
　　＊6　(Mitterrand、1916-1996)
　　＊7　「絶対に安全なものである」という根拠のない考え。
　　＊8　規模の大きい総合建設業者。ゼネラル・コントラクター (general contractor) の略。
　　＊9　地球環境を保護する種々の政策により雇用を創出し景気の回復を図る政策。(Green New Deal)
　　＊10　(The New York Times)

I　漢字の読み方と語句の使い方

1．本文の漢字の読み方を下記で確認してください。

2．下線のある語句の意味と使い方を巻末の「語句の用例」で確認してください。

人間のおごり

　3月11日、最初のゆれが来た時、私は何かいつもの地震と違う異常を感じ、家から飛び出した。大地の横揺れがひどく、立っていられない。庭に降りる階段の鉄の柱につかまって身を支えていると、庭木が小枝にいたるまで揺れ動いている。これまでに経験したことのない地震だ。
　とっさに頭をよぎったのは、怒った自然の前で、自分がこんなに小さく無力な存在なのかということだ。すぐに思ったのは、「環境保護」という言葉が、いかに①人間中心の観念か、だった。環境を人間が保護するのではなく、自然環境が人間の生存

①…いかに

を保護してくれてきたということだ。「地球にやさしく」というスローガンは無意識の人間のおごりであって、人間に対して、生殺与奪の力をもつ「地球がやさしく」してくれる時に、人間は生きていられるのだという直感である。

その時は、まだ津波のことは知らなかった。間もなく、テレビでの警報の後、すさまじい高さと勢いの津波の映像を見て、自然が激怒しているように感じた。人間のおごりを徹底的に打ちのめすかのような②怒濤だ。建造物をバラバラに解体し、人間の姿を見せる瞬間も与えず③呑みこんでいく。何百、何千のひとが、海に流されてしまったのか。何人の命が、間一髪で生き延びられたのだろうか。這い上がる蛇のように、黒い水が次々に町を呑みこんでいく。

②…かのよう
③…ず

無一物で避難所の寒さに耐えるひとの映像が見えるようになると、戦後の冬、暖房のない建物での耐乏生活で私が体験した時の身にしみた寒さが、骨の髄から滲み出てくる。どうぞ被災者が、特に私と同じような高齢者が、心は休まらなくても、少しでも④身体を休められるよう願うと同時に、何もできない自分に苛立ちを感じる。

④…すこしでも

そこに折り重なるように、原発の崩壊のニュースが入ってきた。火災、爆発、大量の蒸気の上昇、どれもチェルノブイリを連想するような不気味な事態だ。いちばん驚くのは、次々とテレビに登場する「専門家」も東電も、「中で何が起こっているか、よくわからない」「計器が故障している」などと言う以外にないという事実である。これまで何度も「事故」を起こしてきたにもかかわらず⑤、「専門家」は、事故防止のために何をしてきたのか。東電は、独占企業として、危険を隠蔽してきたのではないか⑥。

⑤…にもかかわらず
⑥…のではないか

これは「想定外」だというような言葉を、軽々しく使わないのが「専門家」と称する学者や企業の責任なのだ。かつて、ア

26. 人間のおごり

メリカの超タカ派の人物ハーマン・カーンが、核戦争について「考えられないことを考える」ことを主張し、核戦争になった時に生じるすべてを考えるよう主張した。核戦争は正気の沙汰ではないが、原発の開発・政策責任者は、どこまで原発事故について「考えられないことを考え」たのか。多くの人命をあずかっていながら⑦、「想定外」ですむ⑧問題ではない。しかも、地震や津波は、「想定」したものと異質の災害では全くない。彼らの「想定」におごりがあったのではないか⑥。原発だけでなく、はるかに設計・製作が容易なはずの２つの火力発電所まで⑨、地震でこわれたとは⑩、地震国日本で、いったい⑪どういう「事故」を「想定」していたのか。

原発は、もともと⑫自然界に僅かしか存在しないウラン235を原材料とするという点からして⑬、根本的に自然に逆らう、おごりの発想の産物なのだ。自然界の、あらゆる報復は「想定内」のはずだ。放射性物質の降下の範囲が広がり、飲食物を汚染することは、1954年の第五福竜丸事件を経験した日本では、当然「想定内」のことだ。

私は、かつてフランス大統領ミッテランが1980年代に、「環境保護」という、怪しげな根拠で原発推進を主張したとき、その矮小な不条理を指摘したことがある。日本で、この凶器とも言うべき原発の「安全神話」を主張し、かばい続けたのは自民党政権であり、それにまつわりつくゼネコン利権であることは周知の事実だが、今回の惨事について、自民党から「責任」を認めて詫びる言葉は、全く聞こえてこない。日本を政治責任意識欠如の国にした最大の責任は、誰よりも、50年にわたり⑭政権を握っていた自民党にあることは明らかではないか⑮。

だが、今回の原発崩壊は、日本だけの問題ではない。それも⑯、「グリーン・ニューディール」を旗印に、原発推進を唱えてきたオバマ政権や、ヨーロッパの多くの国のように、この

⑦…ながら
⑧…すむ
⑥…のではないか
⑨…までb
⑩…とはb
⑪…いったい
⑫…もともと
⑬…する

⑭…わたる
⑮…ではないか

⑯…それも

事件に衝撃を受けて自問している国は、まだ⑰いい方である。『ニューヨーク・タイムズ』によれば⑱、インドや中国や中東産油国は、この事件に関わりなく⑲、原発増設に邁進すると公言している。なぜか。

　インドや中国は、「わが国には、まだ電力が及んでいない⑳地域や階層が多数あり、原発増設は、当然の権利だ」と主張している。つまり、自国民に先進国並みの㉑生活に達する当然の権利があるという考えだ。それは、「先進国」のおごりをモデルとし、平等の生活水準を追求する「権利」があるということだ。

　ここで、問題は「先進国」に返ってくる。「先進国」をモデルとする新興国や途上国が、世界中に原発を作る先鞭をつけた㉒のは誰か。「唯一の被爆国」日本も、「原発先進国」に他ならない㉓。だが日本は、後発国のこうした平等の権利の主張に乗じて㉔、原発やその技術の輸出に期待をかけてきたのだ。

　21世紀の人類は、これまでの「先進国モデル」を誰もが追求することで生きていけるのか。それとも自滅するのか。

　日本国民は、人間のおごりの上に成り立つ、今の生き方、生活様式そのもの㉕を変革して、世界的格差のない人類共有となりうる㉖「モデル」を創る道を探る㉗時ではないか。今回の天災と人災とが、それを、われわれに問うている㉘のだ。

⑰…まだ
⑱…によれば
⑲…かかわり
⑳…およぶ
㉑…なみ
㉒…せんべん
㉓…ほかならない
㉔…じょうじる
㉕…そのもの
㉖…うる
㉗…さぐる
㉘…とう

3．本文の内容に合わせて、以下の空欄を埋めてください。

（1）鉄の柱に＿＿＿＿＿＿＿て身を支えた。

（2）自分が小さく無力な存在だということが頭を＿＿＿＿＿＿＿た。

（3）多くの人が海に＿＿＿＿＿＿＿しまった。

（4）避難所で寒さに＿＿＿＿＿＿＿人の姿がテレビに映った。

（5）人間は自然に＿＿＿＿＿＿＿て、原発を建設した。

（6）放射性物質の降下の範囲が＿＿＿＿＿＿＿た。

（7）ヨーロッパの多くの国は福島の原発事故に衝撃を＿＿＿＿＿＿た。

（8）先進国並みの生活水準を＿＿＿＿＿＿「権利」があると主張する国もある。

Ⅱ　**話す練習**（この文章の内容について、次の質問に答えてください。）

1．地震が来たとき、どんなことを思ったと、筆者は述べていますか。
　　🔑 キーワード　無力、自然環境、人間、保護

2．原発事故の報道を見て、どんなことを感じたと、筆者は述べていますか。
　　🔑 キーワード　「専門家」・東電、事故防止、「想定外」

3．今回の原発事故の責任について、筆者はどのようなことを述べていますか。
　　🔑 キーワード　「安全神話」、自民党政権、ゼネコン∥「責任」、政治責任意識

4．原発についての新興国や途上国の主張に対する日本の対応は、これまでどうであり、また、今後はどうあるべきだと、筆者は述べていますか。
　　🔑 キーワード　平等の権利の主張、原発の輸出∥生活様式、人類共有の「モデル」

5．この文章について、あなたはどのような感想・意見を持ちましたか。この震災と原発事故についての、あなたの国での反応にも触れながら、話してください。

Ⅲ　**書く練習**

1．Ⅰの2の「かのよう」「までb」「いったい」「もともと」「まだ」「かかわり」「ほかならない」「じょうじる」を使って、それぞれ一つずつ文を作ってください。

2．この文章について、あなたの国での反応にも触れながら、感想・意見を800字～1,200字で書いてください。

語句の用例

注：見出し語に続く［　］の中の数字は、その課に当該語句が出ていることを示している。

■ **あげる**（挙げる）[11, 14, 18, 25]
① 日本語の勉強で難しい点の第一に、漢字の学習が挙げられる。
② 日本で所得格差が拡大した原因として、政府の経済政策が挙げられる。
③ 田中先生はいつも例を挙げて語句の使い方を説明する。

■ **あたる**（当たる）

a [12]
① 開会に当たって、一言ごあいさつ申し上げます。
② 帰国に当たって、将来役に立ちそうな文献を収集した。
③ 論文を執筆するに当たっては、多くの人にインタビューする必要があった。

b [23]
① 私の誕生日は国の独立記念日に当たる。
② 私の1週間分のアルバイト料は国での1か月分の給料に当たる。
③ アパートの部屋代は奨学金の3分の1に当たる。

■ **あとをたたない**（後を絶たない）[1]
① 日本では過労死が後を絶たない。
② 世界中でテロが後を絶たない。
③ 日本では自然災害が後を絶たない。

■ **あまり**[16]
① 日本の大学の授業料はあまりに高い。
② 地震の多い国での原発の建設はあまりにも危険が多い。
③ コンビニでアルバイトを始めたが、あまりの忙しさに驚いている。

■ **あらためて**（改めて）[11, 13]
① 教育のあり方について改めて考えてみたい。
② 原爆資料館を見学して、私は核兵器は廃絶しなければならないと改めて思った。
③ ベトナム戦争での枯れ葉剤被害者の写真を見て、枯れ葉剤散布の残虐さを改めて認識した。

■ ある [12, 18]
① 兄の薦めもあって、私はこの大学に入学することにした。
② 伯父が日本にいたこともあって、日本に留学することに決めた。
③ 父がジャーナリストであったということもあって、私は子どものころから政治に関心があった。

■ いうまでもない（言うまでもない）[6]
① 喫煙が健康に悪いことは言うまでもない。
② 日本文学を研究するには高度な日本語力が必要なことは言うまでもない。
③ 言うまでもなく、大学院の入試で最も重視されるのは研究能力である。

■ いかす（生かす）[5, 10]
① 大学で学んだ知識を生かして、仕事をしたい。
② 将来、日本での経験を仕事に生かしたい。
③ 日本語の力を生かせる仕事に就きたい。

■ いかに [11, 26]
① 日本に来る前は、日本で生活するのがいかに大変か、分かっていなかった。
② 原発では、放射性廃棄物をいかに処理するかが最も難しい。
③ この本は、たばこがいかに体に悪いかということが書いてある。

■ いく [7]
① このままいけば、所得の格差はさらに拡大するだろう。
② 先日の日本語での発表はうまくいった。
③ 外国では自分の国で生活するようにはなかなかいかない。
④ 日本語の新聞が読めるように早くなりたいが、なかなかそうはいかない。

■ いくら [21]
① いくら後悔しても、今からではどうしようもない。
② いくら忙しくても、1日に1回はメールで家族に連絡している。
③ いくら現在の政権が憲法9条を改正しようとしても、日本の国民はそれを許さないだろう。

語句の用例　ある－いくら | 247

④ いくら安全対策をとったところで、原発事故は避けられないだろう。

■ いじょう（以上）[21]
① 日本にいる以上、日本のルールに従うのは当然である。
② 外国で生活する以上、生活上の多少の不便はがまんしなければならない。
③ いくら難しい言語でも、言語である以上は覚えられるはずだ。

■ いったい [21, 26]
① タンさんはいったいどこにいるのだろうか。
② タンさんは東京でいったい何をしているのだろうか。
③ 日本経済はいったいいつになったら回復するのか。

■ いっぽう（一方）[2, 3, 4, 6, 8, 9, 10, 13, 18, 24]
① 金持ちはどんどん豊かになっている。一方、貧しい人たちはますます貧しくなっている。
② インターネットが普及して、生活は以前よりはるかに便利になった。だが、その一方で、インターネットに起因する犯罪も増えている。
③ 政府は大企業を優遇する一方で、社会福祉を切り捨てている。

■ いわば [14]
① 長崎は、いわば、私の第二のふるさとだ。
② パソコンは、いわば、小さな図書館である。
③ 再生可能エネルギーへの転換は、いわば、日本再生の道と言えるだろう。

■ いわゆる [16, 25]
① どの大学もいわゆる「国際化」を推進している。
② 大学の授業料は、いわゆる「受益者負担」ということでどんどん引き上げられてきた。
③ イラクでの人質事件をめぐって、いわゆる「自己責任論」がマスメディアで盛んに流された。

■ うえ（上）[17]
① 東京の夏は暑い上に、湿度も高い。
② この日本語コースは、速く進む上に、宿題も多く、大変だ。
③ 私のアパートは便利な上、部屋代も安い。

■ うえで（上で）

a [5, 7]
① 先輩の意見を聞いた上で、進学先を決めようと思っている。
② 日本語で書いた論文を日本人の友達にチェックしてもらい、その上で提出した。
③ 京都を舞台にした小説の翻訳は、現地を見た上で、取り組むつもりだ。

b [12, 22]
① 研究をする上でコンピューターはどうしても必要だ。
② 日本語を勉強する上で辞書は欠かせない。
③ 日本語が話せないと、日本で生活する上で困ることが多い。

■ うきぼり（浮き彫り）[18]
① 過労死事件は利益優先の日本企業の体質を浮き彫りにした。
② 沖縄で頻発する米軍ヘリコプター事故は日米関係の不正常さを浮き彫りにしている。
③ 論文ねつ造問題で研究者の置かれている状況が浮き彫りになった。

■ うたう [11]
① 日本国憲法では第9条で戦争放棄、戦力の不保持をうたっている。
② プラハ演説で核兵器の廃絶をうたったオバマ大統領は2009年のノーベル平和賞を受賞した。
③ この大学の「大学の理念」では世界平和への貢献がうたわれている。

■ うちだす（打ち出す）[8, 18]
① ドイツは、福島の原発事故のあと、原発廃止の方針を打ち出した。
② 日本政府は2008年、「留学生30万人計画」を打ち出した。
③ 日本政府は武器輸出の方針を打ち出している。

■ **うったえる**(訴える)[3, 11, 17]
① 子どもが母親にのどの痛みを訴えた。
② 最近不眠を訴える人が多い。
③ タンさんは「原発をやめて、再生可能エネルギーを活用しよう」と訴えている。

■ **うと**[21]
① 沖縄の米軍基地問題で、国民が何と言おうと、政府は聞く耳を持たない。
② 最近は、インターネットが普及したので、どこに住んでいようと、情報の面で困ることはない。
③ オリンピックでどこの国が金メダルをとろうと、私は関心がない。

■ **うる**(得る)[8, 9, 12, 14, 15, 19, 21, 26]
① これからは大手の銀行が倒産することもありうる。
② 金融不安が続けば、世界恐慌も起こりうる。
③ 環境破壊が進めば、人類が絶滅するなどということもありえないことではない。
④ 原子力の安全で平和的な利用などということはとうてい実現しえない。

■ **おうじる**(応じる)

a [20, 21]
① タンさんに「夏休みに東北地方の被災地でボランティア活動をする」と言ったら、タンさんは「ぼくもぜひ参加したい」と応じた。
② 脱原発の署名の呼びかけに応じて、多くの学生が署名をした。
③ 被災地のがれき処分の協力要請に東京都はすぐ応じた。

b [15, 21]
① この企業では能力に応じて賃金が支払われる。
② 日本語能力に応じてクラスが決められる。
③ 需要に応じて供給がなされる。

■ **おもいこむ**（思い込む）[17]
① 日本語がうまいので、私はタンさんは先生だと思い込んでいた。
② 私は日本にも軍隊があると思い込んでいた。
③ 私は日本には貧しい人は少ないと思い込んでいた。

■ **およぶ**（及ぶ）[3, 9, 21, 25, 26]
① 東日本大震災での津波は仙台市では海岸から10キロメートルに及んだという。
② ベトナム戦争での枯れ葉剤による犠牲者は、被災者の子どもや孫にまで及んでいる。
③ 私の国のインターネットの普及率は日本には及ばない。
④ 我が国の経済発展は著しいが、中国には及ばない。

■ **およぼす**（及ぼす）[6, 12, 24]
① 原発事故は広い地域に深刻な影響を及ぼした。
② 今回の台風は多くの家屋に被害を及ぼした。
③ 集合住宅では大きな音を出すと、近所の人たちに迷惑を及ぼす。

■ **かえって**[18, 19]
① 国からのおみやげを大家さんにあげたら、何度もお礼を言われ、かえって恐縮してしまった。
② 日本語の教科書の説明は日本語でしてもらったほうがいい。英語で説明されると、かえって誤解する。
③ 放射能汚染のデータはきちんと公表すべきだ。そうでないと、かえって不安を生む。

■ **かかす**（欠かす）[12, 23]
① 外国語の習得には練習が欠かせない。
② 子どもの発育には栄養と睡眠が欠かせない。
③ 私は夕食にはビールが欠かせない。

■ **かかわり**[13, 26]
① 私はこのプロジェクトに多少かかわりがある。

② 奨学金は国籍にかかわりなく申し込むことができる。
③ この会社では在職年数にかかわりなく勤務成績によって給与が決まる。

■ かかわる
　a [8, 9, 16, 18, 23, 25]
① 政府は教育にかかわる予算をもっと増やすべきだ。
② 原子力発電所の建設・維持にかかわる費用はばくだいなものである。
③ 再生可能エネルギーへの転換は日本経済の発展にもかかわる問題である。

　b [2, 3]
① 私は将来福祉の仕事にかかわりたい。
② タンさんは今大きなプロジェクトにかかわっているようだ。
③ 被災者のために何かしたいが、どうかかわったらいいだろうか。

■ かぎり（限り）[2, 3, 14, 15]
① 外国語は実際に使わない限り上手にならない。
② 寮で生活している限り、日本の住宅事情の厳しさは理解できない。
③ 日本にはいられる限りいたいと思っている。
④ 研究者である限り、研究第一の生活になるのはやむを得ない。

■ かぎる（限る）[8, 12, 21, 25]
① 図書館で一度に借りられる本は5冊に限られている。
② 観光旅行をしたが、時間が限られていたので、見られない所が多かった。
③ 今度のパーティーは、留学生に限って、無料となる。
④ 長崎に限らず、日本にはきれいな観光地がたくさんある。

■ かく（欠く）[19]
① タンさんの論文はやや独創性を欠いている。
② 首相の発言・行動は歴史問題に敏感な近隣諸国への配慮を欠いたものだ。
③ この空港の建設は将来への展望を欠いたものだった。

■ かす（化す）[9, 21]
① 私のふるさとは地震でがれきの山と化した。
② 美しい田園は高層ビルの町と化した。
③ 30年前、私のふるさとの村は戦場と化した。

■ がち [2, 9, 20]
① タンさんは最近日本語の授業を休みがちだ。
② 若いころは健康管理を忘れがちだ。
③ 生活習慣が違うと、誤解が生じがちだ。

■ かといえば（かと言えば）[12]
① 長崎でどこがいちばん好きかと言えば、稲佐山だ。
② 将来何がしたいかと言えば、日本語の教師だ。
③ 夏休み中何をしていたかと言えば、毎日実験の繰り返しだった。

■ かならずしも [18]
① 東京は、物価は高いが、住みにくい都市だとは必ずしも言えない。
② 非漢字系の学生が漢字の習得が困難だとは必ずしも言えないと思う。
③ タンさんは成績はいいが、必ずしも勤勉な学生ではない。

■ かねない [22]
① タンさんは睡眠時間を削って勉強している。あれでは病気になりかねない。
② 長時間労働がなかなか改善されない。このままでは過労死する会社員がまた出かねない。
③ 電力会社は停止中の原発を再稼働させようとしている。これではまた同じような事故が起こりかねない。

■ かのよう [26]
① タンさんは日本語が全然できないかのような顔をしている。
② どこの大学を出たかで将来が決まってしまうかのような幻想を持っている人が多い。

③ タンさんは、何の悩みもないかのように、いつもにこにこしている。

■ **からには** [2]
① 日本に留学したからには、日本語を勉強するのは当然だと思う。
② この大学に入ったからには、どんなに苦しくても卒業までこの大学でがんばるつもりだ。
③ 博士課程で学ぶからには、博士号を取得したい。

■ **かりに** [9, 14, 25]
① かりにあなたが日本の首相だったら、どんな景気対策を取りますか。
② かりにビザの問題がないとしたら、あなたは日本にずっと住みたいですか。
③ かりに日本の原発をすべて廃止したとしても、電力需要は十分賄えると思う。

■ **かんする**（関する）[4, 8, 12, 13, 15, 21, 22, 24, 25]
① 私は今長崎とオランダとの交流に関する資料を集めている。
② 私は夏休みに日本の高齢者の実態に関する調査をする予定である。
③ タンさんは、コンピューターのことに関しては、だれよりも詳しい。

■ **きっかけ** [4, 7, 23]
① ランさんと友達になりたいと思うが、きっかけがつかめない。
② 『ドラえもん』のアニメを見たのがきっかけで、日本語に興味を持つようになった。
③ パーティーで話したのをきっかけに、ランさんと親しくなった。
④ 福島の原発事故をきっかけにして、原発を廃止する国が増えている。

■ **きに**（機に）[2, 5, 10]
① 日本は、東京オリンピックを機に、高度経済成長を遂げた。
② 日本留学を機に、日本舞踊を習い始めた。
③ 東北の被災地でのボランティア活動を機に、さまざまなボランティア活動に加わるようになった。

- **くらい** [6]
  ① 食事をする時間もないくらい、私は忙しい。
  ② タンさんは、日本人と間違えられるくらい、日本語が上手になった。
  ③ 私は日本語はあまり勉強しない。授業の前に一度教科書を読むぐらいだ。

- **くわえる**（加える）[8, 11, 12, 16, 21, 24]
  ① 専門学校で、日本語に加えて、コンピューターの技術も習得したい。
  ② タンさんは夜の居酒屋に加えて、朝コンビニでもアルバイトをしている。
  ③ 政府は消費税の引き上げを決めた。加えて、国民健康保険の保険料も引き上げようとしている。

- **けいき**（契機）[19]
  ① 日本は東京オリンピックを契機に高度成長を遂げた。
  ② 日本のサッカーは、Jリーグの発足を契機にして盛んになった。
  ③ 高校での日本語学習が私の日本留学の契機となった。

- **けっか**（結果）[3, 6, 11, 18, 23, 24, 25]
  ① 両親と相談の結果、福岡の専門学校で漫画を学ぶことに決めた。
  ② 会話の練習を重ねた結果、通訳ができるまでになった。
  ③ 見学旅行の行き先についてみんなで相談した。その結果、ホンダの工場に行くことになった。

- **けねん**（懸念）[6, 12]
  ① 福島周辺では放射性物質が将来子どもたちの健康に影響を与えるのではないかという懸念がある。
  ② 私は日本が軍事大国になることを懸念している。
  ③ 不順な天候が作物の生育に与える影響が懸念されている。

- **こそ** [2, 9, 21, 25]
  ① 弱者を大切にする国こそ、民主的な国だと思う。
  ② 基礎からきちんと勉強することこそ、日本語上達の早道である。

③ 再生可能エネルギーへの転換こそが日本の選ぶべき道だと思う。
④ 社会福祉が充実してこそ、豊かな社会と言える。

■ こそすれ [19]
① 消費税の引き上げは不況を招きこそすれ、社会福祉の増進にはつながらない。
② 原発の推進は、電力会社や原発メーカーにばくだいな利益をもたらしこそすれ、国民には経済的・精神的に大きな負担となるだけである。
③ 選挙戦でのマスメディアの報道は国民を誤った方向に導きこそすれ、国民に的確な選択肢を示すものではない。

■ ことになる [9, 14, 15, 21, 22]
① 毎日うちで2時間ずつ日本語を勉強しているから、1週間に14時間勉強していることになる。
② 毎月生活費として10万円使っているから、1年間に120万円使っていることになる。
③ 福島で原発事故が起きたことで、日本の電力会社や政府が作り出した「原発神話」は完全に崩壊したことになる。

■ こなす [3, 17]
① タンさんは毎日、研究と家事とアルバイトをこなしている。
② 田中先生は1週間に10コマの授業をこなしている。
③ 1週間にこれだけの量の仕事をこなすのは難しい。

■ さえ [21]
① 私は、日本語は会話さえできればいい。
② 生活に必要な日本語を覚えさえすれば、日本での研究生活は問題がないと思う。
③ 日本へ行きさえすれば、新しい道が開けると思っていた。

■ さぐる（探る）[1, 8, 26]
① 原発や火力発電から再生可能エネルギーの活用へ転換する道を真剣に探る必要がある。

② 日本の会社では社員の生活実態に合ったより効率的な勤務形態を探っているようだ。
③ 江戸時代末期から明治初期にかけての長崎での、日本人と外国人とのコミュニケーションの実態について探ってみたい。

■ さけぶ（叫ぶ）[3]
① 富裕層から税金をたくさん取れと叫ぶ声が世界中で起こっている。
② 日本では今再生可能エネルギーへの転換が叫ばれている。
③ 原発の危険性は以前から叫ばれていたが、政府も電力会社も聞く耳を持たなかった。

■ さすが [6]
① 今度の試験は難しくて、さすがのタンさんもできなかったようだ。
② 医療関係の通訳は初めてだったようで、通訳経験の豊富なタンさんも、さすがにとまどうことが多かった。
③ さすがに国でコックをしていただけあって、タンさんの料理はおいしい。

■ ざるをえない [13]
① 日本語の教科書は高いけれど、買わざるをえない。
② 日本の政治は大企業の利益のために行われていると考えざるをえない。
③ 奨学金が切れたので、アルバイトをせざるをえない。

■ しかない [12, 16, 17, 19]
① 生活費を得るにはアルバイトをするしかない。
② 国には日本語を教えている所がなかったので、日本語を学ぶには日本へ来るしかなかった。
③ 原発の「安全神話」は正に神話でしかなかった。

■ しかも [9]
① 私のアパートは部屋が狭い。しかも、部屋代が高い。
② タンさんは頭がいい。しかも、努力家である。
③ タンさんはお酒をよく飲む。しかも、大変な愛煙家である。

■ **しする**（視する）[6, 13]
① 職場や家庭での受動喫煙を危険視する専門家が多い。
② 沖縄の米軍機の事故に関する副大臣の発言が問題視されている。
③ 原発事故が起きた場合、周辺住民が避難できるか不安視する人が多い。

■ **じたい**（自体）[12, 14, 25]
① 国で日本語を勉強したかったが、私の国では日本語を教える学校を見つけること自体、難しかった。
② 福島原発事故はまだ終息していない。原発内部の状況自体、まだよく分かっていない。
③ 生徒たちへの「道徳教育」を重視する必要があると言うが、それを主張する政治家たちの「道徳」自体はどうなのか。

■ **しぼる**（絞る）[20, 22]
① 今回の政治討論ではテーマを「年金問題」に絞って議論が行われた。
② 私は将来のエネルギー政策全般に関心があるが、この論文では風力発電に絞って述べた。
③ 大人数の会議では意見をまとめるのが難しいので、人数を絞って徹底的に議論をしたい。

■ **しめる**（占める）[8, 10, 11, 13, 16, 24]
① 日本の高齢者は人口の約27％を占めている。
② 日本にいる留学生に占める中国人の割合は約45％である。
③ 日本のGDPの中で学校教育費が占める割合はわずか4.9％である。

■ **じょうじる**（乗じる）[26]
① 人の善意に乗じて自分の利益を図るようなことをしてはならない。
② 政府と電力会社は、地球温暖化防止の動きに乗じて、原発建設を推進してきた。
③ 政府は近隣諸国の地域紛争に乗じて、軍備の増強を図ろうとしている。

■ ず [6, 7, 10, 14, 17, 19, 20, 24, 26]
① 日本に来たばかりのころは日本語が分からず、とても苦労した。
② 政府は弱者を救済せずに、大企業の利益ばかりを擁護しているようだ。
③ 原発の危険性については国民にほとんど知らされておらず、事故の衝撃は大きかった。

■ すくなくとも（少なくとも）[6]
① この論文を書き上げるには、少なくとも1か月はかかる。
② 少なくとも私の目には、日本は豊かには見えない。
③ 論文を書くには、少なくとも先行研究について調べる作業が必要である。

■ すこしでも（少しでも）[7, 26]
① 少しでも長く日本にいたい。
② 少しでもアルバイト料の高いところで働きたい。
③ 帰国したら、少しでも国の発展に貢献したい。

■ すむ（済む）[1, 7, 26]
① 安い航空券が買えたので、旅行の費用は3万円で済んだ。
② 自分でパソコンを買わなくても、大学の図書館のパソコンを使えば済む。
③ 来月から奨学金がもらえるので、アルバイトはしなくて済む。
④ 推薦入学で合格したので、試験は受けずに済んだ。

■ すら [7, 22]
① 日本へ来たころは、日本語は全然できなかった。あいさつのことばすら知らなかった。
② 私は長崎以外の所はほとんど知らない。福岡へすら行ったことがない。
③ この漢字は難しくて、日本語の先生ですら、読めなかった。

■ する [5, 6, 8, 9, 12, 13, 14, 20, 21, 22, 23, 25, 26]
① 私の国では、原爆投下の責任は日本にあるとする人が多い。
② 日本は経済大国とされているが、人々の暮らしはそれほど豊かではないと思う。

③ 少子化がこのまま進むとすれば、日本は将来大変な高齢社会となる。
④ タンさんの日ごろの言動からすると、彼は国には帰りたくないようだ。
⑤ 放射性廃棄物の処分場がない点からして、原発の建設には問題がある。

■ せまる（迫る）

a [1, 13]
① 私はタンさんに借金の返済を迫った。
② 私は大家さんに部屋代の支払いを迫られている。
③ 研究者たちは政府に交渉記録の公開を迫った。

b [12]
① 台風が九州に迫っている。
② 論文の締め切りが迫ってきた。
③ 首相に対するA議員の質問は問題の核心に迫るものだった。

■ せめて [7]
① せめて日本語だけでもマスターして国に帰りたい。
② 勉強とアルバイトで毎日忙しい。せめて1週間ぐらいゆっくり休みたい。
③ がんの発見がせめてあと1か月早かったら、父は助かったかもしれない。

■ ぜんてい（前提）[5, 14, 16, 19, 22, 23]
① 日本語の授業は学生が予習してくることを前提にして行われる。
② 研究室では英語が分かることを前提に指導が行われている。
③ 留学生が日本の大学院に入る場合、まず研究生になることが前提となっている場合が多い。

■ せんべん（先鞭）[26]
① 野茂選手は、日本のプロ野球選手の、アメリカ大リーグへの移籍に先鞭をつけた。
② 小澤征爾は、日本人指揮者の海外での活躍に先鞭をつけた。
③ ソ連はスプートニクの打ち上げで、宇宙開発の先鞭をつけた。

■ そのもの [26]
① 私は今研究の手段として日本語を勉強しているが、日本語そのものにはあまり興味がない。
② 政府は消費税の引き上げにより税収を増やそうとしているが、そのような政府の基本的な姿勢そのものが景気を悪化させ、税収を減らしている。
③ オリンピックの政治利用は、オリンピックそのものの存続を危うくするものだ。

■ そもそも [2, 14, 18, 22, 23]
① タンさんは全然勉強しない。タンさんはそもそも留学の目的がはっきりしていないのだ。
② 先生はきちんと予習と復習をして日本語の授業に出てほしいと言うが、そもそもこの教科書は私には難しすぎるのだ。
③ 国民は政府を批判するが、そもそもそうした人たちを選挙で選んだのはだれなのか。

■ それも [9, 26]
① 雪の影響で飛行機の出発が遅れた。それも5時間もだ。
② タンさんは日本語が上手だ。それも日本人並みだ。
③ タンさんは毎日アルバイトをしている。それも深夜のアルバイトだ。

■ そろえる [9]
① 留学生センターは、留学生がいつでも使えるようにコンピューターをそろえた。
② 大学の近くの海で釣りを始めようと思って、釣り道具屋で安い道具を買いそろえた。
③ 長崎大学の図書館には江戸時代末期からの長崎の古写真がそろえてある。

■ だけ [2, 3, 6, 9, 19, 25]
① 日本語は練習に費やした時間だけ上手になる。
② 日本語をたくさん覚えると、それだけ日本での生活が楽しくなる。
③ 研究のための資料は集められるだけ集めたい。
④ 日本人の友達をできるだけたくさん作りたい。
⑤ 原発事故がどれだけ日本人に衝撃を与えたか分からない。
⑥ 日本語の勉強にはお金がかかったが、お金をかけただけのことはあった。

⑦ さすがに国でコンピューターの会社に勤めていただけあって、タンさんはコンピューターに詳しい。
⑧ 長崎は外国との交流の歴史が古いだけに、それを示す史跡や史料がたくさん残っている。
⑨ なかなか就職できずに苦しかった。それだけに、就職が決まったときはうれしかった。

■ **たしかに**（確かに）［6］
① 確かにスマートフォンは便利だ。しかし、使い方に注意していないと、面倒な問題が起こる。
② 確かに田舎は自然が美しい。しかし、生活するための条件は整っていない場合が多い。
③ 確かに漢字の学習は大変だが、意味を覚えてしまうと、日本語の学習が楽になる。

■ **たすかる**（助かる）［7, 20］
① 来年から奨学金がもらえることになった。本当に助かる。
② 大学の図書館はとても充実しているので、助かる。
③ 大雨が降ってきたが、タンさんが車で家まで送ってくれたので、助かった。

■ **たとえ**［9］
① あしたは試験があるので、たとえ台風が来ても、大学へ行く。
② 「たとえ死んでも、自由と民主主義のために闘う」と彼は言った。
③ たとえ奨学金がもらえても、日本は物価が高いから、アルバイトをしなければならない。

■ **たなあげ**［19］
① 核保有国は核兵器廃絶の課題を棚上げにしようとしている。
② 政治家たちは自身の無駄遣いを棚上げにして、国民に負担を強いている。
③ 年寄りは自身の行動を棚に上げて、若者の振る舞いを批判している。

■ たま [10]
① きのうはたまの休みだったのに、一日中家事に追われて、ゆっくりできなかった。
② 毎晩家に帰るのが遅く、家で夕食をとるのはたまだ。
③ たまに寮で友達とテニスをする。
④ 毎日実験で忙しいが、たまにはハイキングにでも行きたい。

■ たり [4, 13]
① この辞書は漢字を確かめたりするときに使っている。
② タンさんはうそをついたりするような人ではありません。
③ 私の国では乗り物の中で化粧をしたりはしない。

■ つきあう [1, 21]
① タンさんは今日本人の女性とつきあっているようだ。
② きのうタンさんにつきあって、コンサートに行った。
③ きょうはタンさんの買い物につきあう予定だ。

■ つぐ（次ぐ）[24]
① 私の国は日本に次ぐ長寿国である。
② 日本で学ぶ留学生の中でベトナム人は中国人に次いで多い。
③ 日本でいちばん盛んなスポーツは野球である。次いでサッカーが人気がある。

■ づける [2, 13, 18, 22, 25]
① 私の国ではオートバイに乗る場合、ヘルメットの着用が義務づけられている。
② 日本国憲法は首相や大臣、国会議員が守るべき規範と位置づけられている。
③ 最高裁判所は「夫婦同姓」を規定した民法は憲法に違反しないと結論づけた。

■ つつ [1, 5, 15, 23]
① 音量に注意しつつ、部屋で友達とカラオケを楽しんだ。
② 手紙の返事を書かなければと思いつつ、きょうまで来てしまった。
③ きのうの日曜日、宿題のことを気にしつつ、遊びに行ってしまった。

■ つつある [6, 9, 12, 18, 23]
① 私の国は今大きく発展しつつある。
② 私の国の大都市では大気の汚染が市民の健康を蝕みつつある。
③ 私のふるさとでは再生可能エネルギーへの転換が進みつつある。

■ つながる [4, 6, 8, 18, 19, 23]
① この道は国道34号線につながっている。
② 私の国では外国語の習得は高収入につながる。
③ 科学技術の進歩が人類の幸福につながるとは必ずしも言えない。

■ ており [2, 8, 9, 11, 12, 14, 23, 24]
① 我が国では大気汚染が深刻になっており、早急に対策を講じる必要がある。
② 政府の経済政策は成功しており、我が国は、近い将来、先進国に追いつくであろう。
③ 日本はヨーロッパの先進国に比べて社会福祉が充実しておらず、生活困窮者がかなりいるようだ。

■ ては [2]
① 黙っていては、相手に自分の気持ちを伝えることはできない。
② 寮に住んでいては、日本の住宅問題は理解できない。
③ 市民の意識が低すぎては、社会を変えることはできない。

■ では [15, 22, 23]
① 日本語が分からないのでは、日本で研究はできない。
② コンピューターが扱えないようでは、この仕事はできない。
③ 消費税が引き上げられるという。これでは、景気の回復はますます遅れるだろう。

■ ではないか [11, 26]
① 津波による原発事故の可能性については、専門家が以前から指摘していたではないか。
② たばこはやめたほうがいいと私は何度もあなたに言ったではないか。

③ 今年の冬は暖かいという予報だったが、大変な寒さではないか。

■ **てをうつ**（手を打つ）[12]
① 留学生の住宅問題を解決するために、大学は何か手を打つ必要がある。
② 交通事故を減らすために、いろいろ手が打たれている。
③ 「原発をやめたら電力不足になる」と言うが、再生可能エネルギーを活用するなど、打つ手はたくさんあるはずだ。

■ **と**

a [4, 5, 6, 7, 12, 19]
① 奨学金が切れてしまったので、これからどうしようかと、悩んでいる。
② 「原発の技術は未完成で、後世に負担を残す」と、脱原発を主張する意見が多い。
③ 結婚したら負担が重くなると、結婚を避ける女性が少なくない。

b [2, 3, 4, 16, 18, 19, 24]
① 日本の失業率は5.6％と、過去最高を記録した。
② 日本の食糧自給率は39％と、非常に低い。
③ ヨーロッパの多くの国のエネルギー政策は、原発から再生可能エネルギーへと、変わりつつある。

■ **という** [2, 3, 4, 7, 8, 9, 10, 11, 12, 13, 18, 20, 21, 22]
① 日本は今後高齢化が急速に進むという。
② 日本人の所得格差が今拡大しているという。
③ 原発から出た高レベル放射性廃棄物が人体に無害なものになるのは10万年後だという。

■ **ということだ** [9]
① タンさんは福島でボランティア活動をしているということだ。
② タンさんは国に帰ったということだ。
③ 今年の夏はとても暑いということだ。

■ といって

a [6]

① 日本の所得税は、累進課税といって、所得が多くなるにつれて税率が上がる仕組みになっている。

② 消費税は、逆進性といって、所得の低い人ほど負担が重くなるという性質がある。

③ 日本には、生活保護といって、生活ができなくなった人を保護し最低限度の生活を保障する制度がある。

b [21]

① 日本での留学生活は楽しい。といって、大学の授業内容に満足しているわけではない。

② 奨学金をもらっていないので、生活は苦しい。といって、三度の食事に困るほどでもない。

③ スマートフォンには問題があるからといって、スマートフォンのない生活に戻ることはできない。

■ といっても [8]

① 旅行といっても、日帰りの短いものだった。

② 国で日本語を勉強したといっても、1週間に1回、3か月、日本語学校に通っただけだ。

③ 奨学金をもらっているとはいっても、毎月3万円だけなので、生活は大変だ。

■ とう（問う）[9, 26]

① 就職の面接で「将来この会社でどんな仕事をしたいか」と問われた。

② 求人広告には「経験は問わない」と書いてある。

③ 年齢を問わずだれでも大学に入学できる。

④ 通訳の仕事では、日本語だけでなく幅広い知識が問われる。

■ どうしても [25]

① 国際試合ではどうしても自分の国の選手を応援してしまう。

② 時間の節約になるので、本などはどうしても通信販売で買ってしまう。

③ 歩きながらスマートフォンを見るのは危ないと分かっているけれど、どうしても見てしまう。

■ とおり [9, 21]
① 大学を卒業しても、今までどおり日本で暮らすつもりだ。
② 宿町は、文字どおり、江戸時代に宿場があった所だ。
③ 前述のとおり、わが国では毎年森林が減少している。
④ 田中さんの言うとおり、日本は豊かな国とは言えないと思う。
⑤ 富士山は、写真で見たとおりのきれいな山だった。
⑥ 先生に教えられたとおりに実験をしてみたら、うまくいった。

■ ときに（時に）[12]
① 文化の違いが時に大きな誤解を生むことがある。
② 偶然が時には人生の大きな転換点となる。
③ 音楽が好きで、時には自分でギターも弾く。

■ ところ [3, 13]
① 昼寝をしていたところ、大きな揺れを感じて、飛び起きた。
② タンさんの家に電話をしたところ、タンさんは風邪を引いて寝ていた。
③ タンさんに通訳を頼んだところ、快く引き受けてくれた。

■ ところで [21]
① いくら節約したところで、アルバイトだけでは生活できない。
② どんなにがんばったところで、6か月で日本語をマスターするのは不可能だ。
③ いくら国会で弁明したところで、首相が事実を隠していることは明らかだ。

■ とどまる [7, 13]
① 今年の賃上げはわずか1,000円にとどまった。
② 農村の高齢化の影響は、農業生産にとどまらず、農村の伝統文化にも及んでいる。
③ 日本女子サッカーの、ワールドカップでの優勝は、日本国内にとどまらず、アジア各国の人々を励ました。

■ とにかく [19]
① どんな内容か分からないが、評判の映画だから、とにかく見てみよう。
② 合格する自信はないが、とにかく次回の日本語能力試験を受けてみるつもりだ。
③ 日本の漫画やアニメはとにかくおもしろい。

■ との [8, 10, 17, 23, 24]
① 日本の景気は回復に向かっているとの報道もある。
② 近い将来東海地方で大きな地震が発生するとの予測がある。
③ ＴＰＰ（環太平洋連携協定）により日本の農業が発展するとの見解には疑問がある。

■ とのことだ [9]
① ノーベル文学賞を受賞したカズオ・イシグロは長崎生まれとのことである。
② タンさんは学会発表の準備で忙しいとのことだ。
③ 草津白根山の火山活動が活発になっているとのことである。

■ とは

  a [2, 9, 12, 14, 21, 22]
① 教育とは何か。
② 人類にとって進歩とは何か。
③ 教育とはその人間の能力を引き出すことである。

  b [26]
① 選挙のときの公約を破るとは、この党はいったい何を考えているのか。
② 生活保護費を引き下げるとは、なんというひどい政府だろう。
③ 大切な試験の日に、欠席してしまうとは。

■ とはいえ [3, 10, 21]
① 日本語はかなり上達した。とはいえ、日本語で論文を書くのはまだ容易ではない。
② 奨学金をもらっているとはいえ、日本は生活費が高いので楽ではない。
③ いくら体がじょうぶだとはいえ、徹夜続きでは病気になってしまう。

■ **ともなう**（伴う）[9, 25]
① 建設工事は危険を伴う。
② この計画には十分な予算が伴っていない。
③ 消費税の引き上げに伴う景気の後退が懸念されている。
④ 工業の発展に伴って、環境破壊の問題が深刻になってきた。
⑤ 少子高齢化が進むのに伴い、労働力が不足してきた。

■ **とらわれる** [1, 11]
① 日本では、電力会社も政治家も原発の安全神話にとらわれてきた。
② 親や教師は、伝統的な価値観にとらわれて子どもの可能性をつぶしてはならない。
③ マスメディアの報道にとらわれ、自分の頭で考えられない人が多い。

■ **とりあう**（取り合う）[13]
① 近所の家の騒音に困って市役所に相談に行ったが、市役所の人は取り合ってくれなかった。
② 宿題が多いので、先生に減らしてくれるように頼んだが、取り合ってもらえなかった。
③ テレビの報道がひどいので、テレビ局に電話したが、取り合ってくれなかった。

■ **とりあげる**（取り上げる）[1, 6, 13]
① 野党は大臣の失言を取り上げて、辞職に追い込んだ。
② 日本の大手メディアは、国民の怒りをきちんと取り上げない。
③ 最近、核兵器禁止条約についてテレビで取り上げられることが多くなった。

■ **とりくむ**（取り組む）[4, 10, 13, 17]
① 私は来週から論文に取り組む予定だ。
② A社は、現在、介護用ロボットの実用化に取り組んでいるという。
③ 私の国では道路や鉄道などのインフラの整備に取り組んでいる。

■ **ながら** [9, 15, 19, 26]
① 小さい会社ながら、タンさんは社長である。
② 給料が少ないながらも、楽しく仕事をしている。
③ 日本政府は原発の危険性を知りながら、海外に輸出しようとしている。
④ 国にいる家族のことが気になりながらも、連絡もせず毎日忙しく暮らしている。

■ **なっている** [6, 8, 9, 11, 19]
① 留学生センターの建物の玄関の右側は事務室となっている。
② シンポジウムの最初は「福島原発の現状報告」となっている。
③ Facebookは学生たちにとってはいちばん大きな交流の場になっている。

■ **なみ**（並み）[13, 16, 26]
① タンさんの日本語は日本人並みだ。
② タンさんはプロ並みの歌唱力を持っている。
③ 私も人並みに結婚したい。

■ **なやむ**（悩む）[20]
① 構内に建物が増え、大学は駐車場の確保に悩んでいる。
② 日本の企業は円高に悩まされている。
③ 大都市では交通渋滞に悩まされている。

■ **なると** [6, 21]
① 日本語の論文となると、読むのもなかなか大変だ。
② 大都会のビルは立派だが、一般の住宅になると、貧弱だ。
③ 日本語で発表するとなると、準備が大変だ。
④ 長崎の歴史ということになると、田中先生に聞くのがいちばんいい。

■ **なれば** [7]
① 日本留学となれば、お金がたくさん要る。
② 就職となれば、給料だけでなく、仕事の中身についてもよく考えなければならない。

③ 日本語で発表するとなれば、準備が大変だ。

■ なんと [21, 24]
① ブラームスの交響曲第1番はその完成までになんと21年かかったという。
② 福島原発事故で放出された放射性物質は、広島に投下された原爆のなんと20個分以上だという。
③ このクラシック音楽のCDセットはとても安く、10枚でなんと3,000円だった。

■ において [9, 14, 19, 21, 22, 24]
① 日本語コースの修了式は留学生センターの大教室において行われる。
② 日本語の学習において最も苦労したのは漢字だった。
③ 日本留学はこれまでの私の人生において最も大きなできごとであった。

■ における [8, 14, 15, 21]
① 国会における首相の答弁にはいつも失望している。
② 研究における困難は大きいが、生活における困難はそれほど大きくない。
③ 子どもの誕生はこれまでの私の人生における最大の喜びであった。

■ にかかわらず [2]
① 日本舞踊のサークルは男女にかかわらず、参加できる。
② このアルバイトは、経験の有無にかかわらず申し込める。
③ どこに住んでいるかにかかわらず、車での通学は禁止されている。

■ にすぎない [21, 22, 23]
① アルバイト料は1時間800円にすぎない。
② 日本語は国で3か月習ったにすぎない。
③ 私はヨーロッパへは観光旅行で行ったにすぎない。

■ にせよ [16, 21]
① 金額は十分ではないにせよ、奨学金がもらえるのはありがたい。
② 核保有国が参加していないにせよ、核兵器禁止条約が国連で採択されたのは明るいニュースだ。

③ いろいろ問題はあるにせよ、南北朝鮮が合同でオリンピックに参加するのは意義があると思う。

■ にたいして（に対して）[2, 14, 15]
① ベトナムは東方は平野が多い。それに対して西方は山岳地帯が多い。
② マレーシアの人口割合は、マレー系が60％に対して、中国系は30％である。
③ 大都市は人口が過密になっているのに対して、農村は過疎化が進んでいる。

■ につれて [16]
① 日がたつにつれて、日本での生活に慣れてきた。
② 論文の締め切りが近づくにつれて、睡眠時間が短くなってきた。
③ 日本滞在が長くなるにつれて、日本社会の問題点が分かってきた。

■ にとって [5, 6, 7, 8, 9, 11, 15, 17, 18, 22, 25]
① 農産物の輸入の自由化は日本の農家にとって深刻な問題である。
② 今回のホームステイは私にとっては初めての経験だった。
③ 米軍基地は周辺の住民にとっては大変な負担である。
④ 先日「私にとっての長崎」というテーマでロータリークラブで話をした。

■ にどと（二度と）[7]
① タンさんは、オートバイで事故を起こしたあと、「もう二度とオートバイには乗らない」と言った。
② 日本でいろいろ不愉快なことを経験した。私は二度と日本へは来たくない。
③ 原発事故でたくさんの人が苦しんでいる。私は二度と原発を稼働してはならないと思う。

■ には [3, 4, 5, 8, 22, 25]
① 9時の飛行機に乗るには、7時に家を出なければならない。
② 日本文学を研究するには、高度な日本語能力が不可欠である。
③ 現在の不況を脱するには、どうしたらいいだろうか。

■ にもかかわらず [23, 26]
① 土砂降りにもかかわらず、サッカーの試合は行われた。
② 台風が接近しているにもかかわらず、タンさんは旅行に出かけた。
③ 原発事故の可能性について国会で何度も指摘されていたにもかかわらず、政府も電力会社もマスメディアも注意を払わなかった。

■ にもまして（にも増して）[11]
① 内閣の支持率は先月にも増して低くなっている。
② 今年の長崎は例年にも増して雨が多い。
③ 消費税を引き上げれば、景気はこれまでにも増して悪くなるであろう。

■ によると [2, 5, 7, 8, 9, 18, 21]
① タンさんの話によると、ランさんは帰国したそうだ。
② テレビのニュースによると、台風が日本に接近しているとのことである。
③ 新聞の報道によると、最近の円高が中小企業に深刻な影響を与えているということである。

■ によれば [8, 9, 10, 24, 26]
① タンさんの話によれば、阿蘇はすばらしい所だそうだ。
② テレビの報道によれば、ニュージーランドで地震があり、多くの日本人が犠牲になったとのことである。
③ 最近の研究によれば、太陽活動の変化が気候の変動に影響を及ぼしているという。

■ ねづよい（根強い）[2, 3, 13]
① 日本の企業では集団主義的な意識が根強い。
② 日本の官庁では中央集権的な考え方が根強い。
③ 私の国にはまだ男尊女卑の思想が根強く残っている。

■ のぞむ（臨む）[13]
① よく準備をして研究発表に臨みたいと思う。
② 十分練習をして、スピーチコンテストに臨んだ。
③ 首相は誠実な態度で被爆者との面談に臨むべきだ。

■ のではないか [2, 7, 11, 17, 19, 25, 26]
① 事故処理や廃棄物処理の費用を計算に入れれば、原発のコストは、再生可能エネルギーを使った発電よりはるかに高いのではないか。
② 環境破壊がさらに進めば人類は生存できなくなるのではないかと思う。
③ 景気の回復のためには消費税の引き下げが必要なのではないかという意見も多い。
④ 日本は科学技術が進んでいるから、環境問題で世界にもっと貢献できるのではないだろうか。

■ のみならず [24]
① 所得格差の拡大は、日本のみならず、多くの国で問題になっている。
② 原発事故の被害は福島県のみならず、広い地域に及んでいる。
③ 再生可能エネルギーの活用は、電力政策のみならず、地域経済のあり方にも影響を与える。

■ のりだす [23]
① 通信販売の会社が携帯電話事業に乗り出した。
② A先生は毒のないフグの養殖に乗り出した。
③ 首相は憲法9条の改正に乗り出そうとしている。

■ ばかり

a [3]
① 長崎は坂ばかりで、平地が少ない。
② 私のこれまでの人生は失敗ばかりだった。
③ 多くのテレビ局は政府の立場に立ったニュースばかりを報道して、野党や市民の批判はあまり取り上げない。

b [9]
① このままでは日本の農業は衰退するばかりだ。
② 人員削減で仕事は忙しくなるばかりだ。
③ 少子高齢化が進むばかりの日本では、社会保障の充実が大きな課題となっている。

■ ばかりか [9]
① 田中先生は英語ばかりか、中国語やベトナム語まで話せる。
② 五輪真弓の「恋人よ」は日本ばかりか、台湾やベトナムでも歌われている。
③ 日本政府は原発建設を推進してきたばかりか、外国にまで輸出している。

■ はじめ [12, 14, 19, 23, 24]
① 日本語コースの修了式には、学長をはじめ、多くの教職員が出席した。
② 京都では金閣寺をはじめ、いろいろなお寺を見物した。
③ Facebookをはじめとする SNS が世界中の人々に活用されている。

■ はずみ（弾み）[20]
① 政府が原発廃止を決定すれば、再生可能エネルギーの活用に弾みがつくだろう。
② 日本の女子サッカー選手の環境改善は、ワールドカップでの優勝により弾みがついた。
③ 国連での核兵器禁止条約の採択は、世界の核兵器廃絶運動に弾みをつけると思う。

■ ぱなし [1]
① 暑いのでいつも窓は開けっぱなしにしている。
② 学生たちは電気をつけっぱなしにして教室を出て行った。
③ 政治家の中にはいつも言いっぱなしで、他人の意見を聞かない人がいる。

■ ふかけつ（不可欠）[8]
① 日本語の授業についていくためには、予習と復習が不可欠だ。
② 高齢ドライバーの事故を減らすには、自動運転車の開発が不可欠である。
③ 再生可能エネルギーの活用を進めるには、原発の廃止が不可欠だと思う。

■ **ふまえる**（踏まえる）[12]
① 田中先生は学生一人ひとりの日本語能力を踏まえて指導している。
② 自分自身の経験を踏まえ、後輩にいろいろなアドバイスをしている。
③ 日本の人々は、過去の歴史を踏まえてアジアの人々と接する必要がある。

■ **ふみこむ**（踏み込む）[13]
① マスメディアはプライバシーにまで踏み込んで、政治家や芸能人のスキャンダルを報道している。
② 日本の教師たちは、過去のアジア各国との戦争の実態にまで踏み込んで生徒に教えることにはためらいがあるようだ。
③ 面接では個人的な問題について踏み込んだ質問はなく、ほっとした。

■ **ぶん**（分）[1, 3, 17, 18, 19, 25]
① 長崎は平地が少ない分、地価が高い。
② ゆうべ友達と遊んでしまった。その分、きょうは余計に勉強しなければならない。
③ 臨時のアルバイトをした分だけ、今月は収入が多かった。

■ **ほか** [2, 8, 11, 25]
① 留学生数があまり増えない原因としては、不況のほかに、日本の入試制度の問題が考えられる。
② 日本語は学校で習うほかに、インターネットでも勉強した。
③ 私が今ほしいものはコンピューターだ。そのほかに、ほしいものは特にない。
④ 長崎には精霊流しやおくんちなどの伝統的な行事がある。ほかにも、旧正月にはランタン・フェスティバルが行われる。

■ **ほかない** [12]
① 原発の技術はまだ未完成なものだから、原発は廃止するほかないと思う。
② 日本語を学ぶためには、日本に来るほかなかった。
③ 仕送りがないので、アルバイトをするほかない。

■ **ほかならない** [16, 21, 23, 26]
① 企業から政党への献金は、「合法的な賄賂」にほかならない。
② 日本企業がアジア各国に進出するのはそれらの国の賃金水準が低いからにほかならない。
③ この映画の原作を書いたのはほかならぬ田中先生である。

■ **ほど**

a [1]
① 今年の夏は去年の夏ほど暑くない。
② 日本での生活がこれほど大変だとは知らなかった。
③ 日本語能力試験は思っていたほど難しくなかった。
④ アンケート調査をしてみたが、期待していたほどのデータは得られなかった。

b [7, 20]
① タンさんは、日本人に間違えられるほど、日本語が上手だ。
② 忙しくて、食事をする時間もないほどだ。
③ 大みそかの夜、神社は歩けないほどの混雑ぶりだった。

c [12, 17]
① 日本語を使う機会の多い人ほど日本語の上達が速い。
② 住居が幹線道路に近い人ほど肺がんにかかるリスクが高いという。
③ 私は忙しいほど効率が上がる。

■ **ほんらい**（本来）[9, 12, 17]
① 本来、教育は無償であるべきだ。
② 本来は、これはタンさんの仕事だが、タンさんが病気なので、代わりにリンさんがやっている。
③ 本来なら、国会での野党の質問に首相が直接答えるべきなのに、首相はほとんど役人に答えさせた。

■ **まかなう**（賄う）[6, 9, 23]
① この町は風力発電だけで必要な電力を賄っている。

② 物価が高いので、生活費は奨学金だけでは賄えない。
③ 私は生活費はアルバイトをして賄っている。

■ まきこむ（巻き込む）[10]
① 機械に巻き込まれて、手に大けがをした。
② 車で福岡へ行く途中で、渋滞に巻き込まれた。
③ 地域の人たちを巻き込んで、大学のキャンパスで「国際交流フェスティバル」を催した。

■ ましょう [9]
① あしたは午後から雨が降りましょう。
② 原発の技術は未完成だと言えましょう。
③ 消費税の引き上げで景気はさらに悪化しましょう。

■ まだ [26]
① 暑い夏も寒い冬も苦手だが、夏の方がまだいい。
② 日本で生活するのは大変だが、長崎は東京よりまだ生活しやすい。
③ 生活は苦しいが、体がじょうぶなのでまだ救われている。

■ まちがいない（間違いない）[11]
① このままいけば地球の温暖化がさらに進むことは間違いない。
② タンさんが博士号を取るのは間違いない。
③ たばこは間違いなく健康に悪い。

■ まで

a [4]
① 日本で生活保護を受ける人の数は200万人にまで増えている。
② 日本では交通事故による死者は4千人台にまで減っている。
③ 円高が進み、1ドル75円にまで達した。

b [26]
① タンさんは日本語が上手だ。長崎の方言まで話せる。

② タンさんはアルバイトをして弟の生活費まで出している。
③ 最近はペットまでもが生活習慣病にかかるようになった。

まにあわせる（間に合わせる）[7]
① パソコンを買うお金がないので、スマートフォンで間に合わせている。
② 昼食はコンビニのおにぎりで間に合わせている。
③ 食品はほとんどスーパーで買っているが、近くのコンビニで間に合わせのものを買うこともある。

まねく（招く）[12]
① ちょっとした不注意が大事故を招く。
② 政府の政策が非正規労働者の増大を招いた。
③ 電力会社の利益優先の体質が大きな原発事故を招いた。

まま [1, 2, 6, 19]
① 電力会社は、津波の原発への影響について調査したまま、全く対策を取らなかった。
② このままいけば、日本は大変な少子高齢社会になる。
③ スピーチコンテストでは、日本に来て感じたままのことを話した。

みこみ（見込み）[6]
① 私の国では、大学を卒業してもいい仕事に就ける見込みはない。
② 彼は有能で、なかなか見込みのある男だ。
③ 私は来年の3月に大学を卒業する見込みだ。

みこむ（見込む）[7, 20]
① 中国からの観光客の増加を見込んで、観光施設の充実が図られている。
② 原発の発電コストは事故処理の費用も見込んで算出すべきだと思う。
③ 田中先生はタンさんの能力を見込んで、重要な研究テーマを与えた。

みてとる（見て取る）[11]
① 今国会での衆議院の解散を見て取った議員たちは、選挙運動中心の活動を行っている。

② 政府が弱者に負担を押し付けることで財政を維持しようとしていることは、最近の首相の言動から見て取れる。
③ 電力会社が自社の利益しか考えていないのは、原発事故の被害者への態度から見て取れる。

■ みなす [18, 19]
① 最初の授業で田中先生は「15分遅刻したら欠席とみなします」と言った。
② 残業をしないと、仕事への意欲が欠けているとみなされる。
③ 長期間学校を休むと、勉学の意思がないとみなされ、除籍される。

■ みのがす（見逃す）[12]
① 奨学金の募集案内の掲示を見逃してしまった。
② 今晩のサッカーの試合は見逃せない。
③ 内閣支持率が下がった原因として、大臣たちの失言も見逃せない。

■ むしろ [6, 14, 19]
① 家賃がとても高いので、借りるよりむしろ買ったほうが安くつく。
② 大学よりむしろ専門学校のほうが技術が習得できてよいと考える人もいる。
③ 日本語は難しいと言われているが、カザフ語が母語である私にはむしろ易しく感じられる。

■ めぐまれる（恵まれる）[11]
① 私の国は天然資源に恵まれている。
② タンさんは語学の能力に恵まれている。
③ この地域には経済的に恵まれない人々が多く住んでいる。

■ めにつく（目につく）[23]
① 最近町でマスクをしている人が目につく。
② 日本では自動販売機が目につく。
③ 最近政治家の失言が目につく。

■ もしない [7]
① 先月、急性虫垂炎で入院した。全く思いもしないことだった。
② タンさんは私の論文をきちんと読みもしないで、批判した。
③ 食堂でタンさんを見かけたので声をかけたが、タンさんは振り向きもしないで行ってしまった。

■ もたらす [12, 19, 22, 25]
① 原発事故は東北地方の人々に大変な苦しみをもたらした。
② 豊かな自然は人々に多くの恵みをもたらしている。
③ 政府の見解を無批判に流しているマスメディアも日本社会にかなりの歪みをもたらしていると思う。

■ もちろん [8]
① 田中先生は、英語はもちろん、中国語やベトナム語も話せる。
② 私は東京や大阪はもちろん、北海道や沖縄にも行ったことがある。
③ タンさんは音楽が好きで、コンサートによく行くのはもちろん、自分でもピアノを演奏する。

■ もっとも [12, 15]
① 終身雇用、年功序列は日本企業の大きな特徴である。もっとも、近年はかなり崩れてきているが。
② 日本は高速道路網がかなり拡大し、大変便利になっている。もっとも、中には利用者が非常に少ない道路もあり、むだな公共事業だという声もある。
③ タンさんは日本人と間違えられるくらい日本語がうまい。もっとも、読み書きは苦手なようだ。

■ もとづく（基づく）[12, 15, 18, 21, 22]
① 私は、日本の大学の問題点について、体験に基づいて話した。
② この実験結果に基づき私は論文を書いた。
③ 中学生の実態調査に基づくA教授の発表は親たちに衝撃を与えた。

■ もとに ［12, 23, 24］
① 実験で得たデータをもとに、論文を書いた。
② 原発問題について、インターネットで得た資料をもとにして発表した。
③ 私のこの論文は研究会での発表がもとになっている。

■ もともと ［26］
① 若杉さんはもともと長崎の出身なので、長崎のことをよく知っている。
② 出島の辺りはもともとは海だった。
③ 私は今教育学を研究しているが、もともとは政治学を専攻していた。

■ ものの ［1, 16, 24］
① 日本での生活に慣れてはきたものの、不自由を感じることも多い。
② 日本は、再生可能エネルギーを利用した発電所が増えてはいるものの、欧米や中国に比べると大変遅れている。
③ 日本語を2年間勉強したとはいうものの、学部の授業ではまだ理解できないことが多い。

■ よち（余地）［24, 25］
① 寮は日本人学生でいっぱいで、留学生が入る余地はないようだ。
② 近い将来、自動運転車が普及することは疑う余地がない。
③ 気候変動の原因が地球の温暖化にあることは反論の余地がない。

■ よる

a ［5, 6, 8, 9, 12, 14, 18, 19, 21, 22, 24, 25］
① この美術館は有名な建築家によって設計された。
② 世界の平和は軍事力ではなく外交力により保たれなければならない。
③ 消費税の引き上げが景気を悪化させることは、前回の経験によっても証明されている。
④ 大学祭で留学生による日本舞踊のショーが行われた。
⑤ 昨日、日本語によるスピーチコンテストが市民会館で催された。

b ［6, 9, 12, 14, 17, 19, 21, 22, 24, 25］
① インターネットの普及によって、新しい犯罪が生まれてきた。
② 交通渋滞は、新しくバイパスができることにより、解消されると思う。
③ 森林伐採による生態系の破壊が世界中で深刻になっている。

　c ［8, 15, 18］
① 日によって、大学に行く時間が違う。
② 学歴と経験によって、給与が決まる。
③ 民族による習慣の違いを研究したい。
④ 場合によっては、アメリカの大学院に進むかもしれない。

■ わけではない ［4, 14, 18, 19, 21］
① 勉強は忙しいが、遊ぶ時間が全くないわけではない。
② 原発事故以前に事故の可能性について指摘する声がなかったわけではない。
③ 日本語さえできれば大学院に入れるというわけではない。

■ わけにはいかない ［14］
① どんなに苦しくても、国に帰るわけにはいかない。
② 原発の危険性が明らかになった今、原発の推進に賛成するわけにはいかない。
③ 学部の授業は全部日本語で行われるので、日本語を覚えないわけにはいかない。

■ わずか ［2, 6］
① 映画を見に行ったが、広い映画館に観客はわずか6人だった。
② 食糧の輸入が完全に自由化されれば、日本の食糧自給率はわずか13％になるという。
③ 福島の米から検出された放射性物質はほんのわずかだった。

■ わたる ［16, 23, 24, 26］
① 原発事故による被害は広範囲にわたった。
② 論文の書き直しは5回にわたった。
③ 大学祭が11月19日から22日まで4日間にわたって行われた。
④ 田中先生の10年間にわたる研究が本になって出版された。

■ わりに（割に）[7]
① この辞書は値段の割に役に立たない。
② 黒澤明監督の「影武者」は評判の割に、つまらなかった。
③ サミュエルソンの『経済学』は、内容が高度な割に、理解しやすい。

編著者
宮原　彬（みやはら・あきら）
1940年東京生まれ。東京大学法学部卒業。
貿易大学（ハノイ）〈1973-1977、2006-2009〉、長崎総合科学大学〈1981-1994〉、東京大学〈1994-1997〉、長崎大学〈1997-2006〉、日本語日本文化学院（ナムディン）〈2009-2011〉、佐世保工業高等専門学校〈2012-2013〉、TOCONTAP SAIGON JSC（ホーチミン市）〈2013-2014、2017〉、等で日本語教育に従事。
編著書に、『別科・日本語Ⅰ』（長崎総合科学大学）〈共著〉、『日本語学習者が作文を書くための用例集』（凡人社発売）、『ベトナムで学ぶ学生のための日本語教科書（初級）』（NHA XUAT BAN DAN TRI）、『ベトナムの日本語教育―歴史と実践―』（本の泉社）など。

装丁・本文デザイン
山田　武

留学生のための
時代を読み解く上級日本語　第3版

2006年 3月25日　初版第1刷発行
2012年11月20日　第2版第1刷発行
2018年 5月28日　第3版第1刷発行
2025年 3月13日　第 5 刷 発 行

編著者　　宮原　彬
発行者　　藤嵜政子
発　行　　株式会社　スリーエーネットワーク
　　　　　〒102-0083　東京都千代田区麹町3丁目4番
　　　　　　　　　　　トラスティ麹町ビル2F
　　　　　電話　営業　03（5275）2722
　　　　　　　　編集　03（5275）2725
　　　　　https://www.3anet.co.jp/
印　刷　　萩原印刷株式会社

ISBN978-4-88319-772-9　C0081
落丁・乱丁本はお取替えいたします。
本書の全部または一部を無断で複写複製（コピー）することは著作権法上での例外を除き、禁じられています。

スリーエーネットワークの中上級日本語教材

留学生のための
アカデミック・ジャパニーズ
東京外国語大学留学生日本語教育センター ● 編著

聴解中級 B5判 85頁+別冊32頁(スクリプト・解答) CD 1枚付
2,200円(税込) (ISBN978-4-88319-641-8)

聴解中上級 B5判 87頁+別冊35頁(スクリプト・解答) CD 1枚付
2,200円(税込) (ISBN978-4-88319-687-6)

聴解上級 B5判 85頁+別冊59頁(スクリプト・解答) CD 2枚付
2,200円(税込) (ISBN978-4-88319-716-3)

動画で学ぶ大学の講義
B5判 113頁+別冊68頁(スクリプト・解答例)
2,200円(税込) (ISBN978-4-88319-789-7)

アカデミック・ライティングのための
パラフレーズ演習
鎌田美千子・仁科浩美 ● 著

B5判 74頁+別冊解答15頁(解答例) 1,540円(税込) (ISBN978-4-88319-681-4)

留学生のための
ジャーナリズムの日本語
-新聞・雑誌で学ぶ重要語彙と表現-
一橋大学国際教育交流センター ● 編 澁川晶・高橋紗弥子・庵功雄 ● 著

B5判 130頁+別冊7頁(解答) 2,200円(税込) (ISBN978-4-88319-715-6)

アカデミック・スキルを身につける
聴解・発表ワークブック
犬飼康弘 ● 著

B5判 141頁+別冊(表現・スクリプト) 54頁
CD 1枚付 2,750円(税込) (ISBN978-4-88319-426-1)

スリーエーネットワーク　ウェブサイトで新刊や日本語セミナーをご案内しております。
https://www.3anet.co.jp/